100 HOMONYMES DE LA LANGUE FRANÇAISE

Air, aire, ère, erre, ers, haire, hère…

Avant-propos

Que penser d'une langue qui, pour le simple son *ô,* ne possède pas moins de huit homophones (*au (x), aulx, eau, haut, ho, ô, oh, os*) ? Ou, pour le son *è,* dix manières de l'écrire (*ai, aie, aies, ais, ait, es, est, haie, hais, hait*) ?

Eh bien, il faut penser le plus grand bien de ladite langue – et la chérir –, elle qui fit de nécessité phonétique vertu orthographique. Sans ces homonymes, point de Raymond Devos et autres jongleurs et joueurs de mots ! Nul n'a oublié – entre mille facéties langagières du regretté poète – la fameuse oie de Louis, qui *« oit ouah ouah le soir au fond des bois »,* ni le train pour Caen (quand ?), quand il faut prendre le car (le quart ?) pour aller à Sète (sept ?) et finalement se retrouver à Troyes (trois ?)…

Pourquoi notre langue est-elle si prodigue en homonymes (terme générique), homophones (mots qui se prononcent de la même façon) et homographes (mots s'écrivant de la même façon) ? À cela, il est une raison essentielle : une érosion phonétique sans pareille dans les langues romanes, due à l'influence des tribus germaniques (les Francs au premier chef) et de leur accentuation très marquée. C'est cette usure phonétique qui entraîna la multiplication quasi infinie de mots prononcés (dans un premier temps) et écrits de la même manière. Cela ne pouvait durer… Dès le XIVe siècle, greffiers du roi, clercs et copistes (tous d'excellents latinistes) « relatinisèrent » le français en ajoutant des lettres étymologiques, faisant ainsi d'une pierre deux coups : donner à notre langue une (noble) origine et distinguer les innombrables homographes… Tâche poursuivie (parfois de façon partielle et inconséquente) par l'Académie française dès la première édition de son dictionnaire, en 1694, dont, plus de trois siècles plus tard, nous sommes toujours tributaires.

Mais qui imaginerait un seul instant le *doigt* sans son *g*, le *compte* sans son *p*, le *poids* allégé de son *ds* ? Car outre leur vertu étymologique (vous savez, le latin, cette langue « morte » que nous avons laissée mourir et oubliée, qui irrigue pourtant tout notre vocabulaire, notre pensée, notre culture), ces lettres permettent à notre cerveau, au premier coup d'œil, de savoir si l'on a affaire au *comte*, au *conte* ou au *compte*. N'est-ce pas miraculeux ?

Aussi, par quelque bout qu'on les prenne – linguistique, étymologique, ludique, humoristique, voire poétique –, les homonymes sont l'une des merveilles d'une langue qui en compte – en conte ? – tant d'autres. Nous espérons vous en convaincre dans les pages qui suivent…

Note : les mots suivis d'un astérisque sont définis dans le glossaire en fin d'ouvrage.

Chapitre 1

Petites histoires d'homophonie

Air, aire, ère, erre, ers, haire, hère

S'il existe pléthore de paires d'homophones, certains se payent le luxe d'en avoir bien plus : c'est le cas de ***air***, qui ne possède pas moins de six homophones (sans compter les homographes) : ***aire, ère, erre, ers, haire, hère***.

L'***air*** (celui que nous respirons) est le plus ancien : apparu en français au XIIe siècle, il est issu du latin *aer, aeris*, lui-même emprunté au grec *aêr, aeros*, qui désignait, déjà chez Hésiode et Homère, l'atmosphère autour de la Terre (par opposition à l'*éther*, région supérieure de l'air). Au XVIe siècle, à partir de l'acception figurée « ambiance, atmosphère », ***air*** prend le sens de « apparence générale » (par exemple dans la locution *avoir l'air*). À peu après à la même période, un troisième ***air*** est emprunté à l'italien *aria* (« apparence », puis « mélodie ») pour désigner un morceau de musique – cet *aria*-là venant, lui aussi, du latin *aer*.

L'***aire*** (« surface plane », « surface délimitée », « région plus ou moins étendue ») est empruntée, dès le XIIe siècle, au latin *area* (« surface, sol uni »). Mais il existe une seconde ***aire***, issue du latin *ager, agri* (« champ, territoire »), qui désigne le nid des oiseaux de proie, lesquels peuvent *airer* (« faire leur nid ») en montagne.

L'***ère***, nom féminin qui désigne un espace de temps, une époque (« l'*ère* chrétienne »), fut empruntée au bas latin *aera* (« nombre, chiffre ») à partir du XVIe siècle et écrite d'abord *here*, avant d'acquérir l'orthographe actuelle, plus proche de son étymon*.

Il existe deux ***erre***. Le premier est une forme conjuguée du verbe ***errer***, qui vient du latin *errare* et signifia d'abord « se tromper » (d'où notre *erreur*) ; puis, sous l'influence d'un autre verbe *errer* (du latin *itinerare*), qui signifiait « voyager » en ancien français (mais disparu depuis), *errer* est devenu synonyme de « flâner ». Le second ***erre*** est d'ailleurs issu de ce *errer-itinerare* : nom féminin obsolète, il désigne la manière d'avancer, l'allure, notamment dans les locutions *aller grand-erre, aller belle erre* (« aller à bonne allure »).

L'***ers*** (nom masculin) est une légumineuse annuelle cultivée pour le fourrage, appelée aussi « lentille bâtarde ». Le mot fut emprunté au XVIe siècle à l'ancien provençal *ers,* issu du bas latin *ervus.*

La ***haire*** est une chemise grossière faite de crin ou de poil de chèvre, portée à même la peau par esprit de mortification et de pénitence ; rappelons-nous le fameux *Tartuffe* de Molière : *« Laurent, serrez ma haire avec ma discipline/ Et priez que toujours le ciel vous illumine. »* Ce nom, qui appartient à la langue didactique, apparu en français à la fin du Xe siècle, est issu du francique* *harja* (« vêtement grossier fait de poils »), racine – si l'on ose dire – que l'on retrouve dans l'anglais *hair* et l'allemand *Haar* (« cheveu »).

Il existe trois ***hère*** – excusez du peu ! Le premier désignait un homme misérable et ne survit plus que dans la locution *pauvre hère*. Son étymologie est incertaine : peut-être est-il issu de l'allemand *Herr* (« seigneur ») par dérision ; à moins qu'il ne vienne, par métonymie, de la *haire* susmentionnée (qui avait pris le sens figuré de « douleur, peine »). Le deuxième ***hère*** fut emprunté au néerlandais *hert* (« cerf ») autour de 1750 et désigne un jeune cerf de six mois à un an qui n'a pas encore ses premiers bois. Enfin, le troisième ***hère***, encore plus rare, est dérivé du premier (« le pauvre hère ») et désigne un jeu de cartes appelé aussi l'« as qui court » ou la « bête noire ».

Amande, amende

Dieu que les voies de l'homonymie sont impénétrables, sinueuses, et les « fruits » de l'évolution phonétique souvent inattendus – et néanmoins exquis ! Le meilleur exemple en est peut-être le duo que forment l'***amande*** et l'***amende***, dont les étymons* pourraient difficilement être plus dissemblables…

L'***amande***, le fruit (« drupe oblongue de l'amandier »), porte les séquelles d'une longue déformation phonétique : au départ, il y a le grec *amygdalè*, qui fut transcrit par les Romains sous la forme *amygdala*, laquelle fut altérée en *amandula* en bas latin. Le mot apparaît en français à la fin du XIIe siècle sous une forme là encore quelque peu modifiée (et pour le moins surprenante) : *alemande*. C'est moins de cent ans plus tard que l'on rencontre enfin la forme ***amande***, qui traversera les siècles jusqu'à nous. Du reste, on notera que les autres langues européennes ne sont pas en reste pour ce qui est des altérations phonétiques : aphérèse en italien, allemand et roumain (*mandorla, Mandel, migdala*), ajout d'un *l* en anglais et en espagnol (*almond, almendra*). Quant à l'étymon* grec *amygdalè*, il a bien sûr donné, par le latin savant du XIVe siècle, nos *amygdales*, qui ont, paraît-il, une forme d'amande…

L'***amende*** (« contravention ») est le déverbal* d'*amender*, lui-même issu du latin *emendare* (« corriger ») ; ce nom apparaît en français autour de 1170 sous la forme… *amande*, avant que l'orthographe étymologique ne l'emporte.

Clair, clerc

Les plus facétieux affirmeront que point n'est besoin d'être grand clerc pour tirer au clair cette affaire d'homonymie. Et, certes, ces deux mots n'ont pas grand-chose à voir, si ce n'est leur homophonie.

L'adjectif et nom ***clair*** est ancien en français : dérivé du latin *clarus* (« clair, brillant, sonore, manifeste, intelligible »), il apparaît au Xe siècle sous la forme *clar*, puis *cler* au XIe, par exemple dans la *Chanson de Roland* : *« Bels fut li vespres, et li soleilz fut cler » (« Beau était le soir, et le soleil était brillant »)*. La graphie phonétique avec *e* résista jusqu'à la Renaissance, à partir de laquelle la graphie *clair* s'imposa dès la première édition du dictionnaire de l'Académie : elle permit en effet de conserver le lien étymologique avec le latin, ainsi que de s'harmoniser orthographiquement avec tous les termes en *a* de la même famille (*clarté, clarifier, clarine…*). Et peut-être y avait-il le souci de distinguer les deux homophones *clair* et *clerc*.

Lequel ***clerc*** (« homme entré dans l'état ecclésiastique » ; « homme instruit, intellectuel » ; « employé d'une étude d'officier public et ministériel ») est tout aussi ancien : issu du grec *κλῆρος, klêros* (« tirage au sort ; part d'héritage ») via le latin chrétien *clerus* (« clergé »), il se rencontre dès le XIe siècle, déjà sous sa forme actuelle. Le *c* final, prononcé jusqu'au Moyen Âge, s'amuït* en moyen français, créant ainsi entre *clerc* et *clair* une homophonie que les graphies étymologiques se chargent de résoudre.

Corps, cor

Corps est l'un des plus vieux mots attestés en français. On le trouve dans la *Cantilène de sainte Eulalie*, datée de 880, soit le plus ancien texte littéraire connu écrit dans la langue ancêtre du français : *« Bel auret **corps** bellezour anima » (« Elle avait un beau corps, une âme plus belle encore »).* Ainsi, dès le début, le groupe final *ps* est présent dans ce mot issu du latin *corpus*. À partir du XIe siècle, on trouve la graphie concurrente *cors* ; mais, par la suite, c'est l'orthographe étymologisante ***corps*** qui va seule subsister, notamment dans le dictionnaire de l'Académie de 1694.

Quant au ***cor***, s'il vient d'un terme latin, il recouvre deux réalités et significations fort différentes… sans que nos lexicographes amoureux des lettres muettes diacritiques* aient jamais jugé bon de les distinguer par la graphie. Le latin *cornu* possédait déjà les acceptions du français : « corne des animaux », puis « tout objet en corne » et, spécialement, « corne du pied des animaux » et même « instrument à vent ». Au XIe siècle, *cornu* avait évolué en *corn* pour désigner l'instrument à vent, notamment le fameux olifant de Roland dans la *Chanson de Roland* : *« Ce dist li reis : "Jo oi le **corn** Rollant !" » (« Le roi dit ceci : "J'entends le cor de Roland !" »).* C'est aussi l'instrument de chasse que l'on retrouve dans l'expression d'origine cynégétique « (chasser) à cor et à cri », c'est-à-dire avec le cor et les cris des chiens. Devenu ***cor*** après la chute de la nasale finale (tout comme *jorn* donna *jour*), le terme désigna aussi, à partir du XIVe siècle, les ramifications du bois du cerf (on parle ainsi d'un « cerf de dix cors »). Il fallut attendre le XVIe siècle pour voir apparaître la spécialisation de sens de ***cor*** « durillon », repris de l'ancien français *corn*.

Cou, coup, coût

Le nom ***cou*** remonte au latin *collum*, qui avait d'abord donné *col* au XIe siècle. Il apparaît en français au XIIe siècle et va peu à peu l'emporter sur sa rivale *col*, forme qui se développera cependant avec une spécialisation de sens métaphorique (« partie étroite d'un récipient », « partie du vêtement entourant le cou ») ; elle ne survivra avec le sens de « cou » que par archaïsmes, ainsi que dans quelques expressions figées, comme « se hausser du col ».

Coup est un mot à l'étymologie très ancienne et étonnante, puisque, malgré son allure très latine et française, il remonte au grec ancien. Apparu dès le IXe siècle sous les formes *colp, cop, col*, il est issu du bas latin *colpus*, déformation du latin classique *colaphus* (« coup de poing »), lui-même emprunté au grec *κόλαφος, kolaphos* (« soufflet »). Le *p* étymologique final fut maintenu dans la graphie dès la première édition du dictionnaire de l'Académie (1694) à des fins de distinction d'homonymes.

Le verbe *coûter* (ou *couter,* selon les rectifications de l'orthographe de 1990) est enregistré en français à partir du XIIe siècle sous la forme *coster* ; il vient du latin *constare* (« se tenir fixé » et, en latin populaire, « être à tel prix »). Son déverbal* ***coût*** apparaît à peu près à la même période, sous la forme *cust*, puis *coust*, dans laquelle le *s* était déjà muet : il sera remplacé par un accent circonflexe en 1740, dans la troisième édition du dictionnaire de l'Académie. Quant au *t* final, il s'amuït* dès le XIIIe siècle : les locuteurs qui, aujourd'hui, se mettent à le prononcer (afin de distinguer à l'oral les trois homonymes) n'opèrent, finalement, qu'un retour aux sources, en retrouvant la prononciation médiévale !

Art, are, arrhes, ars, hart

« Ars longa, vita brevis », disait-on jadis en latin (reprenant toute honte bue un aphorisme d'Hippocrate) : « L'art est long, la vie est brève », en interprétant de travers le sens du mot *ars* (« technique, savoir-faire, science, habileté », comme le terme grec d'origine *τέχνη, tekhnê*).
Si le mot a changé de sens au fil des langues et des siècles, notre *art* étant aujourd'hui plus « artistique » que scientifique (sauf dans quelques locutions, telles que « l'homme de l'art » pour désigner le médecin), l'étymologie est, quant à elle, transparente : apparu en français au Xe siècle, ***art*** est issu du nom latin féminin *ars, artis* (du reste, le mot français sera souvent féminin jusqu'au XVIIe siècle).
Le nom masculin ***are*** (désignant une superficie agraire de 100 m²) fut formé sur le latin *area* (« surface, sol uni ») à la fin du XVIIIe siècle, lorsque les révolutionnaires tentèrent d'unifier la France des mesures sous la très rationnelle bannière du système décimal, faisant ainsi pièce à un Ancien Régime plein de pieds, de toises, de perches, de boisselées, de vergées et d'arpents…
Le nom féminin pluriel *arrhes* (« gage, avance, acompte ») naquit en français autour de 1165. Il est issu du latin *arr(h)a* (« gage, arrhes »), lui-même forme réduite du grec *ἀρραβών, arrhabôn*, de même sens (d'origine sémitique). ***Arrhes*** fut d'abord orthographié *erre*, avec une alternance phonétique *a-e* fréquente au Moyen Âge, de sorte que le peuple de Paris disait *piarre* pour *pierre*, tandis que, au contraire, les dames de la cour disaient *Peris* pour *Paris* ! À la Renaissance,

on trouve la graphie *arres* ; c'est Furetière (dans son *Dictionnaire* de 1690), suivi par l'Académie, qui imposera l'orthographe étymologique *arrhes* – à l'allure si étrange –, que nous avons conservée.

L'***ars*** (prononcé [aʀ] ou, parfois, [aʀs]) désigne le pli à la jonction du poitrail et des membres antérieurs du cheval. Ce nom, qui relève du lexique technique, apparu en français au XIIIe siècle, est issu du latin *armus* (« épaule d'un animal »). Comme pour *arrhes*, on trouve au XVIe siècle une forme populaire avec la voyelle *e* : *ers* ; toutefois, dans la première édition de son dictionnaire en 1694, l'Académie ne retient que la forme avec *a*… mais avec deux graphies, *ars* et *arts*, la seconde résultant conjointement d'une erreur de certains lexicographes (Furetière fait venir *ars* du latin *artus*, « membre ») et d'une volonté de discriminer les homonymes : en effet, à l'époque, *ars* correspondait à quatre acceptions différentes, notamment au pluriel de *art* (qui perdait son *t* : les *ars*) ainsi qu'au participe passé *ars* (du verbe *ardre,* « brûler », aujourd'hui disparu) ! On imagine sans peine l'imbroglio chez nos spécialistes de l'époque… et les céphalées qui se sont ensuivies ! Ce n'est qu'à partir de l'édition de 1762 que l'Académie opte pour la graphie *ars*, qui est toujours la nôtre. À noter que le grand Littré lui-même se méprit, puisqu'il fit dériver *ars* de *arc* (« par comparaison des deux membres de devant du cheval avec un arc, une arcade »). Le dernier homonyme, la ***hart***, désigne à l'origine un lien de bois (flexible) servant à lier les fagots, puis la corde utilisée pour la pendaison des condamnés à mort et, enfin, par métonymie, la pendaison elle-même. Ce nom désuet, écrit indifféremment *har, hars, hart, hard* au XVIe siècle, est issu du francique* *hard* (« filasse ») ; la graphie *hart* s'est imposée face à ses concurrentes en 1694, sans doute car la finale en *-art* était plus fréquente dans les mots en *-ar*.

Crac, crack, craque, krach, krak

Voilà un groupe de cinq homonymes assez récents en français, qui occasionne bien des confusions orthographiques, au moins pour certains d'entre eux !
L'onomatopée ***crac***, dérivée du verbe *craquer*, est attestée tardivement en français, pas avant la fin du XVe siècle, pour imiter le cri du faucon ayant des vers intestinaux ! Sa valeur actuelle n'apparaît pas avant la fin du XVIIe siècle (bruit sec de quelque chose qui se brise).
Le nom ***crack*** (« poulain exceptionnel, excellent cheval », puis, familièrement, « personne excellente, champion ») est un mot anglais signifiant « fameux », que le français a emprunté dans les années 1850. ***Craque*** est, dans la langue familière, un mensonge par exagération, une vantardise ; déverbal* de *craquer* (au sens populaire et obsolète de « se vanter, hâbler »), ce nom féminin est attesté au début du XIXe siècle. Le nom masculin ***krach*** (« effondrement des cours de la Bourse », « banqueroute ») est un mot allemand, dérivé du verbe *krachen* (« craquer ») : le ***krach***, c'est littéralement le « craquement » appliqué figurément au milieu boursier (sous l'influence de l'anglais *crash*) ; apparu dans ce sens en allemand dans les années 1850, il connaîtra un bel essor à la suite de la débâcle de la Bourse de Vienne en 1873… (On notera en passant que l'expression « krach boursier » constitue par conséquent un magnifique pléonasme.) Le ***krak*** est peut-être le moins connu de nos cinq homonymes : il désigne la forteresse construite au XIIe siècle par les croisés en Syrie ; emprunté à cette époque à l'arabe *karāk* (« château fort », lui-même issu de l'araméen *karkā,* « place forte ») sous la forme *crac*, le mot fut repris à la fin du XIXe siècle avec l'orthographe ***krak*** et n'est entré dans le dictionnaire de l'Académie que dans son édition actuelle.

Date, datte

Un couple d'homonymes si proches… et pourtant on ne peut plus éloignés quant à l'étymologie et au sens ! Là réside, sans nul doute, la magie stochastique de l'évolution phonétique…

Le nom ***date*** fut emprunté au latin médiéval (XIIIe siècle) *data* (*littera*), « (lettre) donnée », premiers mots d'une formule indiquant la date à laquelle un acte a été rédigé. La forme *data* est le participe passé féminin, dérivée du supin* *datum*, du verbe *do, das, dare* (« donner »).

Quoiqu'il nous paraisse d'allure très française ou latine, le nom du fruit ***datte*** remonte en réalité au grec ancien *δάκτυλος, daktulos* (« doigt »), par analogie avec la forme allongée du fruit. Après avoir transité par l'ancien provençal *dadil*, le mot apparaît en français au XIIe siècle sous la forme *dade*, puis *date* (au XIIIe). À la Renaissance, plusieurs lexicographes et grammairiens proposent la graphie *dacte*, avec restauration du *c* étymologique, cependant que d'autres préfèrent ***datte***, seule orthographe qui sera finalement retenue en 1694 par l'Académie, car elle permettait de distinguer nos deux homonymes *date* et *datte*.

Coin, coing

Si d'aventure vous souhaitez en boucher un coin (étymologique) à qui de droit, la connaissance de l'origine des deux homophones *coin* et *coing* pourra s'avérer des plus précieuses…

Apparu en français au XIIe siècle, le ***coin*** désigna d'abord un outil (de bois ou de métal), en forme de prisme triangulaire, servant à fendre des matériaux, à serrer ou assujettir ; ce fut notamment un morceau d'acier gravé en creux et utilisé pour frapper les monnaies… d'où l'expression « frappé au coin du bon sens » ! Par la suite, le ***coin*** est devenu, au sens large, synonyme de « angle » et de « portion d'un espace ». Le mot est issu du latin *cuneus* (« coin à fendre ou à caler »), racine que l'on retrouve dans *cunéiforme*, et s'est écrit *coin, coing, cuin* jusqu'à la Renaissance. La graphie *coing* correspondait à l'orthographe de nombreux mots au XVIe siècle (*besoing, loing, poing, tesmoing, soing*…), dans lesquels le *n* final était mouillé (prononcé « gn » comme dans « oignon »), d'où les graphies avec un *g* ; par la suite, le *n* perdit cette « mouillure » et entraîna la nasalisation de la voyelle précédente… mais, souvent, le *g* se maintint. Toutefois, en 1694, l'Académie opta pour l'orthographe simplifiée ***coin***, toujours en vigueur. Chemin faisant, on notera que ce passage de *n* mouillé à la voyelle nasale explique les paires *coin/cogner, besoin/besogne, loin/éloigner, poing/poigner, soin/soigner*…

L'Académie choisit toutefois de garder le *g* final dans certains mots afin de distinguer les homophones dans l'écriture. C'est le cas de notre ***coing*** (fruit du *cognassier*), magnifique antonomase* cachée : à l'origine, il y a le grec *Κυδώνιον (μῆλον), Kudônion* (*mêlon*), « pomme de Kydônia », c'est-à-dire La Canée (en Crète) ; le latin le reprit sous la forme *cotoneum* (*malum*), qui donna en ancien français *codoin* (XIe siècle) et *cooing* (XIIe). L'Académie enregistra ensuite l'orthographe *coin* tout en précisant, de façon de plus en plus insistante au fur et à mesure des éditions successives de son dictionnaire, que l'on pouvait écrire aussi *coing*. Ce ne fut qu'en 1835 que la seule graphie (non étymologique) *coing* fut imposée, le *g* final servant à discriminer les deux homonymes *coin* et *coing*.

Doigt, (il) doit

Le nom *doigt* est issu du latin populaire *ditus*, lui-même forme altérée du latin classique *digitus* (« doigt de la main, du pied »). Il est très anciennement attesté en français, au moins depuis la *Chanson de Roland* (écrite vers 1065), sous la forme plurielle *deie* : *« Cuntre dous deie l'ad del furrel getee » (« Il l'a tirée du fourreau la longueur de deux doigts »).* La forme *dei* devient *doi* au XIIIe siècle, en concurrence avec *doit*. Au XVIe siècle, la « relatinisation » de l'orthographe française restaure le *g* étymologique : ainsi, le lexicographe et imprimeur Robert Estienne (1503-1559) préconise la graphie ***doigt***, à la suite des greffiers médiévaux (lesquels étaient des latinistes zélés). Cette graphie, que l'on trouve déjà notamment chez Rabelais à partir de *Pantagruel* (1532), eut évidemment pour fonction de distinguer à l'œil les deux homonymes *doigt* et *(il) doit*.

Lequel ***doit*** représente la 3e personne du présent de l'indicatif du verbe *devoir*, issu du latin classique *debere* (« devoir »). Évolution du latin *debet*, ***doit*** apparut très anciennement en ancien français, puisqu'on le trouve en 842 dans les *Serments de Strasbourg* (le plus ancien texte connu écrit dans la langue romane destinée à devenir le français), sous la forme *dift* : *« Si cum om per dreit son fradra salvar dift » (« Comme on doit selon l'équité défendre son frère »).* Cette forme entre en concurrence avec *deit*, qui devient *doit* dès le XIIe siècle.

Encre, ancre

Si l'homonymie entre *encre* et *ancre* nous permet toutes les fantaisies poétiques, liquides et chromatiques – songeons à une *encre* marine qui enténébrerait les flots ou à l'*ancre* des stylos arrimant fermement les écoliers à leur copie ! –, l'étymologie est là pour nous ramener à des considérations plus terre à terre… ou plutôt mer à mer.

Il était naturel que ***encre*** (nom féminin), accessoire précieux à la mémoire des civilisations, remontât fort loin : en l'occurrence au grec ancien *ἔγκαυστον, engkauston* (« peinture à l'encaustique »), passé en bas latin sous la forme *encau(s)tum*, qui désignait l'encre de pourpre, réservée aux empereurs. Fortement altéré, le mot latin aboutit au XIe siècle à *enque*, puis, un siècle plus tard, à la forme actuelle ***encre***, après la mystérieuse apparition d'un *r* non étymologique, peut-être analogique de celui de ***ancre***. Ce mot-là est issu, au XIIe siècle, du latin *anc(h)ora* (« ancre »), lui-même emprunté au grec *ἄγκυρα, angkura*.

La confusion orthographique entre les deux homonymes eut lieu très tôt. Dès l'ancien et le moyen français, ***ancre*** est ainsi écrit *encre* (ou *hancre*) ; par la suite, certains lexicographes de la Renaissance ne distinguent pas *ancre* de *encre* ou écrivent indifféremment l'un et l'autre, telle l'Académie dans la première édition de son dictionnaire, en 1694, qui propose *ancre* ou *encre* pour la « liqueur dont on escrit ou dont on imprime » ; la variante *ancre* sera même maintenue jusqu'à l'édition de 1740 et ce n'est qu'à partir de 1762 que la distinction entre les deux homophones sera consommée, à telle enseigne que le grammairien Jean-François Féraud écrira, en 1787 : *« Plusieurs personnes les confondent : c'est une faute grossière. »*

Guerre, guère

Nombre de mots français commençant par *gu-* proviennent de langues germaniques, notamment du francique*, la langue des Francs, qui fut celle des Mérovingiens et des Carolingiens, avant que, petit à petit, la « romanisation » ne l'emportât sur notre territoire. Toutefois, le francique* n'a pas disparu sans laisser d'importantes traces dans notre lexique, ou même dans la prononciation.

Ainsi, le nom ***guerre*** est issu du francique* *werra,* « trouble, désordre, dispute » (que l'on retrouve dans l'anglais *war*). Il est attesté en français dès le XIe siècle sous la forme actuelle. La plupart des mots germaniques commençant par *w-* ont évolué, par renforcement, en *gw-* (au Ve siècle), avant de se simplifier en *g-* : d'où notre ***guerre***.

Le même phénomène phonétique est à l'œuvre dans l'adverbe ***guère*** : issu du francique* *waigaro* (« beaucoup »), il avait évolué au XIe siècle en *guaire*, puis *guieres* et *gueres*. À partir de la Renaissance, un foisonnement graphique se fait jour : on trouve aussi bien *gueres, guaire, guere, guiere*, voire *guieres*, par exemple chez Rabelais, Montaigne et même encore chez Molière ! Jusqu'en 1798, l'Académie écrit ***guère*** et *guères*, avant de réserver, à partir de 1835, l'orthographe avec *s* final à la poésie (pour des raisons de versification, à l'instar de la préposition *jusque[s]*).

Héros, héraut

Soyons un peu chauvins : il n'y a que la langue française pour créer des homonymes aux étymologies aussi éloignées ! Ainsi en est-il du duo ***héros/héraut.***

Le nom ***héros*** n'apparaît en français qu'au XIVe siècle ; il est emprunté, via le latin *heros* (« demi-dieu », puis « homme de grande valeur »), au grec *ἥρως, hêrôs* (« maître, chef », puis « demi-dieu »). Au XVIIe siècle, on trouve les graphies *heroë, heros*. C'est cette dernière qui s'impose dans le dictionnaire de l'Académie en 1694, puis se voit dotée d'un accent aigu à partir de la quatrième édition, en 1762. Quant au *h* aspiré (que l'on ne retrouve pas dans les autres mots de la même famille : *héroïne, héroïsme…*), il n'est pas étymologique, mais fut introduit pour éviter la liaison et le malheureux calembour subséquent : « les z'héros » ; d'ailleurs, cette aspiration du *h* est concomitante à l'apparition du mot *zéro* en français…

Le ***héraut*** (« messager »), terme qui fleure doux son Moyen Âge belliqueux (« le héraut d'armes »), nous vient du francique* *heriwald* (« chef d'armée »). Il est attesté en ancien français à partir du XIIe siècle, sous la forme *hyraut* (chez Chrétien de Troyes), puis *heraus* (au pluriel). Au XVIe siècle, certains lexicographes ajoutent un *l* par analogie avec d'autres mots en *-au* ou *-eu* (*chauld, hault, ennuyeulx…*), avant que la forme actuelle ne soit choisie par l'Académie : *heraut*, puis ***héraut*** (avec accent) en 1762. Le *l* et le *d* finals n'ont pas été retenus, malgré l'étymologie et le dérivé *héraldique…*

Conte, compte, comte

La triade *conte, compte* et *comte* illustre à merveille l'« ADN » (*sit venia verbo*) de l'orthographe française, tissue d'anomalies, de complications, de lettres muettes et d'errements historico-phonético-graphiques… notamment lorsque l'on considère le cas des homonymes : toute la créativité tortue des académiciens, philologues et autres lexicographes de la Renaissance – pourtant pleins de bonnes intentions – semble s'y être donné libre cours. En l'occurrence, pour les trois homophones *conte, compte* et *comte*, le compte (étymologique) n'est pas bon !

À l'origine, en effet, il n'y a que deux étymons*. Le premier est le latin *computare* (« calculer, compter »), qui avait donné *conte* au XIIe siècle ; mais celui-ci possédait deux sens bien distincts : à la fois « récit » (notre *conte* actuel) et « calcul » (notre *compte*) – comme des prémices lexicales de la querelle entre littéraires et scientifiques ! La graphie phonétique *conte* accapara très vite le sens figuré de « ce qui est raconté, fable, histoire ». Au XIIIe siècle apparut alors la graphie *compte*, version « relatinisée » avec ajout de lettres étymologiques, qui prit en charge l'acception de « calcul » et devint une graphie fréquente à partir du XVe siècle. Néanmoins, pendant tout le XVIIe siècle, une certaine confusion régna chez les lexicographes, avant que l'Académie n'entérinât la distinction orthographique du doublet *conte* et *compte* dès la première édition de son dictionnaire, en 1694, afin de rendre compte (conte ?) du partage sémantique.

Toutefois, encore à la fin du XVIIIe siècle, le lexicographe Jean-François Féraud mentionne certaines confusions orthographiques entre *compte* et *conte* (rien de nouveau sous le soleil du XXIe siècle, oserait-on presque dire !) ; et d'illustrer ses dires par un exemple de jeu de mots malicieux dû à Madame de Sévigné : *« Ils me trouvent ridicule de préférer un compte de fermier aux contes de La Fontaine. »*

Un autre trublion est venu compliquer la situation : *comte* (titre de noblesse) est issu du latin *comitem* (« compagnon », puis « haut dignitaire »). Il apparut dès le XIe siècle sous la forme *cunte*, puis *conte* (au XIIe). Ainsi, à cette époque, nos trois homophones s'écrivaient *conte*, quelle que fût leur signification ! C'en était trop pour certains érudits du XVIIe siècle : ils réintroduisirent le *m* étymologique afin de distinguer graphiquement le *comte*, le *conte* et le *compte*, suivis en cela par le dictionnaire de l'Académie. Et depuis lors, le comte peut faire ses comptes en écoutant des contes sans s'en laisser conter… compter ?

Ô mots fun !

Le *p* étymologique de *compter*, réintroduit au XIIIe siècle, a toujours été muet. Il en va plus ou moins de même pour un certain nombre de consonnes (tantôt étymologiques, tantôt analogiques) : par exemple le *p* de *dompter* (écrit à l'origine *donter*, du latin *domitare*), ou de *baptême* (concurrencé par *batême* de 1798 à 1878 dans le dictionnaire de l'Académie !). À l'inverse, dans *sculpter* (réfection savante de *sculper*, du latin *sculpare*), le *p* n'est plus prononcé, selon l'Académie, depuis 1798… mais le fut sans doute aux époques antérieures, comme l'atteste le dictionnaire de Pierre Richelet (1680) : « Quelques-uns disent *sculteur*, mais ces quelques-uns là parlent comme le peuple. Le bel usage est pour *sculpteur* (…) » Voilà qui ne manque pas de piquant, quand l'on s'avise que, de nos jours, un nombre croissant de locuteurs se remettent à prononcer le *p* de *sculpter* (comme celui de *dompter*) !

Hôtel, autel

Le nom ***hôtel*** est l'un des nombreux mots issus d'une racine indo-européenne intéressante à plus d'un titre, *ghost-* (« étranger ») ayant fourni entre autres l'anglais *guest* (« hôte ») et l'allemand *Gast* (« hôte »). Le latin n'est pas en reste, qui a produit, d'une part, les mots formés sur *hostis* (« hôte » ou « étranger » et, par la suite, « ennemi »), lesquels ont souvent pris une nuance péjorative et martiale, et, d'autre part, les termes dérivés de *hospes, hospitis* (« hôte, celui qui reçoit »), qui ont acquis des connotations plutôt mélioratives. Ainsi, *hostis* a donné *(h)ost* (« armée », en ancien français), *hostile, hostilité* ; quant à *hospes, hospitis*, il a donné *hôte, hospice, hôpital* (et ses dérivés), *hospitalité*, et même *otage* (ancien français *[h]ostage*, qui désignait à l'origine un logement, car les personnes « prises en otages » étaient généralement logées dans la demeure de celui chez qui on les avait envoyées), ainsi que ***hôtel*** et ses dérivés.

Issu par évolution phonétique de *hospitalem* (qui donna *hôpital* par création savante), ***hôtel*** est attesté en français à partir du XIe siècle avec la graphie *ostel*, avant qu'au siècle suivant on lui ajoutât un *h* étymologique : *hostel* ; quant au *s* muet, l'Académie ne le remplaça par un accent circonflexe qu'à partir de 1740.

Autel descend du latin *altare* (« autel ») et apparaît en français au XIe siècle sous la forme *alter*. Le changement de consonne finale serait dû au remplacement de *-er* par un suffixe *-el*, peut-être favorisé par un rapprochement paronymique avec *ostel*, car les hôtels-Dieu étaient à l'époque des demeures religieuses.

Paon, pan

Parmi la chatoyante myriade de nos bizarreries orthographiques, la triade *faon/paon/taon* (ainsi que le quatuor de noms de villes *Craon, Craonne, Laon, Raon-l'Étape*) scintille d'un éclat tout particulier ; c'est que le son [ã] offre un nombre de réalisations graphiques quasi anxiogène : pas moins de 38 ! Parmi lesquelles la graphie *-aon* n'est pas la moins angoissante (ou amusante, selon le point de vue adopté).

Le fier ***paon*** (dont l'orthographe semble aussi orgueilleuse et fascinante que sa roue) est issu du latin *pavonem*, qui avait donné *poun, poon* au XIIe siècle, puis *pan* ; mais ce *pan* avait évidemment des homophones (le *pan* de vêtement ou de mur, certaines formes du verbe *pendre*), si bien que la graphie étymologisante ***paon*** se fit jour à partir du XIVe siècle, avec cette séquence *ao* si particulière, originale reprise de *pavonem,* et que retint l'Académie en 1694, tout en précisant « on prononce pan ».

On rencontre le ***pan*** (« partie tombante d'un vêtement ») dès la *Chanson de Roland* (XIe siècle). Dérivé du latin *pannus* (« morceau d'étoffe »), il fut écrit *pan* et *pand* à la Renaissance, par une erreur étymologique le faisant remonter au latin *pandere* (« étendre ») ou *pendere* (« pendre »). Cette seconde graphie fut abandonnée par l'Académie dès 1694.

Ô mots fun !

On notera que notre fier volatile a poussé l'orgueil orthographique jusqu'à créer des homophonies et des homographies avec le nom de sa femelle et de leur petit : la *paonne* (prononcé « panne ») et le *paonneau* (prononcé « panneau »), qu'il convint donc de distinguer eux aussi de leurs homonymes par la graphie !

Dessin, dessein

À l'instar des mots *compte* et *conte* (voir p. 22), le duo *dessin/dessein* fait partie de ces doublets, qui remontent à un seul et même étymon* ; cependant, ses significations se sont tellement éloignées que les lexicographes de la Renaissance ont souhaité les distinguer par l'orthographe, comme s'il s'agissait en fait de deux mots différents. Deux graphies pour deux mots sémantiquement distincts, quoi de plus logique, finalement – et au diable l'étymologie !

Le latin *designare* (« représenter, dessiner, désigner ») avait donné en italien le verbe *disegnare* (signifiant à la fois « indiquer, marquer, désigner » et « comploter, concevoir », « dessiner, peindre, broder ») et son déverbal* *disegno*. À la Renaissance, la vogue des italianismes fait fureur à la cour des Valois (merci à la reine Catherine de Médicis !), au grand dam, du reste, de certains académiciens et lexicographes. Le français emprunte alors des milliers de mots à la langue de Dante. Parmi ceux-ci, *disegnare* et *disegno* arrivent chez nous au XVIe siècle sous les formes *desseigner/dessigner* et *desseing/dessing/desing*. Si la forme ***dessein*** semble être historiquement la première, sa variante ***dessin*** lui est quasi concomitante : ainsi, un certain flou – et un désaccord – règne entre les lexicographes et grammairiens du XVIIe siècle, tant du point de vue de l'écriture que du sens ! Ainsi, certains ne font pas de distinguo graphique entre le dessin « terme d'art » et le dessein « projet » ; d'autres ne retiennent que le sens de « projet » ; Richelet (en 1680) recueille les deux graphies… tout en blâmant ceux qui écrivent « dessin » pour le terme de peinture ; dans son *Dictionnaire universel,* paru en 1690, le vénérable Furetière n'enregistre que ***dessein*** dans les deux sens… Quant à l'Académie, comme Furetière, elle n'entérine en 1694 que la graphie *dessein* pour les deux acceptions, et ce à l'opposé de l'harmonisation graphique qu'elle prône entre les mots d'une même famille (elle écrit *dessinateur, dessiner*).

Palinodies et hésitations dureront encore quelque deux siècles : la forme ***dessin*** (pour le terme artistique), intégrée comme variante en 1798, sera entérinée comme unique graphie seulement en 1835, laissant à ***dessein*** l'acception de « projet », devenue depuis lors soutenue et littéraire.

Quant au verbe *dessiner*, il s'agit d'une réfection, d'après *dessin*, de l'ancien *dessigner*, lequel a fourni le doublet *désigner*.

Ô mots fun !

Comme dans *besoing, loing, tesmoing, soing*, le *g* final de *dess(e)ing* était un vestige, le *g* d'un ancien *n* mouillé, que l'on retrouve néanmoins dans le verbe *désigner* et dans certains mots formés sur la même racine : *insigne, enseigne*… Devenu muet, ce *g* fut supprimé de la graphie. Il survit toutefois dans l'anglais *design*, emprunté à la fin du XVIe siècle au français *desing*… et que nous lui avons emprunté à notre tour dans les années 1950 : retour à l'envoyeur, pour ainsi dire !

Penser, panser

« Penser, c'est peser », proclamait le philosophe Alain. Il ne croyait pas si bien dire… du moins au regard de l'étymologie. Nous dirons même plus : *penser, peser* et *panser*, c'est tout un ! Une once d'évolution phonétique et un zeste d'intervention d'érudits ont fait le reste…

À l'origine, il y a le verbe latin *pensare* (« peser, évaluer, apprécier »), fréquentatif* de *pendere* (« peser, évaluer »), qui avait évolué phonétiquement en *peser*. Parallèlement, la forme savante ***penser*** était apparue pour désigner le fait de « peser », d'« évaluer » d'un point de vue abstrait : de « penser », donc. Mais ce verbe *penser* possédait aussi, en ancien français, le sens concret de « s'occuper de, prendre soin ». Ainsi, à partir du XIIIe siècle, on « pense d'un cheval » pour dire que l'on s'occupe de lui, qu'on le nourrit ; expression qui devient « penser un cheval » un siècle plus tard et qui s'étend aux malades et aux plaies (« penser une plaie »).

À la Renaissance, les spécialistes de la langue s'avisent que les deux acceptions sont suffisamment éloignées pour qu'une distinction orthographique soit opérée : c'est ainsi que l'on trouve, en concurrence avec la forme étymologique *penser,* les graphies *pancer* et ***panser***. Ce n'est que dans la quatrième édition de son dictionnaire, en 1762, que l'Académie entérinera cette dernière.

Et voilà comment, à partir d'un seul et même étymon* latin, le français a créé trois verbes, dont deux homophones : *peser, penser, panser.*

Poids, pois, poix

S'il ne devait en rester qu'une, ce serait celle-là ! Celle-là ? Une faute d'orthographe qui pèse lourd et que nous commettons… depuis quatre cents ans ! Car *poids* ne devrait pas s'écrire *poids*, preuve que notre orthographe fut parfois victime d'interventions humaines souvent bien intentionnées… mais pas toujours bien exécutées !

Jusqu'au Moyen Âge, il existe trois [pwa]… ayant la même orthographe ! Le premier, attesté dès le XIe siècle, est un nom féminin désignant une matière visqueuse et inflammable (aujourd'hui ***poix***), issu du latin *pix, picis* (« poix »).

Le second désigne le légume : attesté en français au XIIe siècle, il descend du latin *pisum* (« pois ») et s'est donc toujours écrit ***pois***.

Le troisième est issu du latin *pensum* (« poids »), issu du verbe *pendere* (« laisser pendre les plateaux d'une balance », d'où « peser ») ; il est attesté au XIIe siècle sous les formes *peis*, puis *pois*.

On se retrouvait donc avec trois homographes aux sens bien différents. Impensable pour les érudits de la Renaissance ! Changement de décor, donc, au XVIe siècle : des graphies parfois fantaisistes, plus ou moins étymologisantes, se mettent à fleurir : on écrit la *poix* (en la reliant au latin *pix*), ce qui n'est pas absurde ; en revanche, on voit apparaître des formes *poix* et *poids* (« ce que l'on pèse »), parfois sous la plume tremblotante (ou taquine ?) d'un même auteur – Robert Estienne, pour ne pas le nommer, lexicographe et imprimeur royal (1503-1559). C'est lui qui recommanda la graphie *poids*, en commettant un impair étymologique : il crut en effet que *poids* venait de *pondus* ; recommandation que, par souci louable de distinction homonymique, l'Académie s'empressa d'entériner en 1694 dès la première édition de son dictionnaire !

Poing, point

Le latin *pugnus* (« poing ») appartenait à la famille du verbe *pungere* (« piquer »), lequel a donné en français le verbe suranné *poindre* ; on trouve aussi cette racine dans *pugnace*, *répugner* ou *inexpugnable*. Plus directement, *pugnus* aboutit au XIe siècle à *puing* (« main fermée »), puis *poign* (d'où *poigne, poignée, empoignée*…), les séquences *ing, ign* servant à noter le *n* « mouillé » (voir *coing*, p. 16). Par la suite, le *n* perdit cette « mouillure », ce qui provoqua la nasalisation de la voyelle précédente ; toutefois, le *g*, devenu muet, se maintint pour des raisons de distinction homonymique : ***poing***.

Le nom ***point*** est, quant à lui, issu du latin *punctum* (« piqûre », « espace infime », « point »), substantif dérivé du supin* du verbe *pungere* : finalement, en remontant loin, ***poing*** et ***point*** sont ainsi de la même famille ! ***Point*** est attesté sous cette forme dès le XIIe siècle ; toutefois, au XVIe, on se pique (c'est le cas de le dire) de « relatinisation » du français, et d'aucuns ajoutent un *c* étymologique muet et se mettent à écrire *poinct*. Mais l'Académie, en 1694, ne retiendra que la graphie ***point***.

Quant à la négation *(ne) point*, elle vient bien du nom ***point*** : si en ancien français, la négation *ne* (non accentuée) se suffisait à elle seule, plus tard les locuteurs ressentirent le besoin de la renforcer par un petit mot, tantôt un adverbe (*plus, jamais*…), tantôt un nom exprimant une petite chose, comme un pas, une goutte, une mie, un point : on disait ainsi « je ne vois point » (c'est-à-dire « je ne vois même pas un point »). Ces noms se sont ensuite figés pour devenir de simples adverbes.

Puis, puits, puy

Attesté au XIe siècle, ***puis*** descend du latin populaire *postius*, réfection du latin classique *post* (« après »). Il n'a pas changé d'orthographe depuis lors et c'est bien sous la forme ***puis*** que, en 1694, l'Académie enregistra cet adverbe (classé parmi les conjonctions de coordination dans les grammaires les plus récentes !).

Le ***puits*** est, quant à lui, issu du latin *puteus* (« trou, fosse, puits »). Attesté au XIe siècle sous les formes *puz, puis* et, plus tard, *puiz*. Au XVIIe, les lexicographes introduisent un *t* étymologique distinctif. Ils seront peu ou prou suivis par l'Académie, au sein de laquelle s'engagent d'âpres discussions ; Jean Doujat (qui fut, entre autres, historiographe de Louis XIV) dit, en 1673 : *« La raison de l'origine voudroit que l'on escrivit* ***puits*** *de puteus afin de le distinguer de* ***puis*** *(…). Cependant peu de gens y mettent le* ***t****. Il me semble qu'on pourroit escrire* ***puys*** *comme font quelques uns. »* Il est appuyé en cela par Bossuet : *« Ie dirois un* ***puys*** *et des* ***puys****. »* D'autres s'y opposeront en soutenant qu'un *puy* est une montagne.

Le ***puy***, justement, est issu du latin *podium* (mur très épais formant autour de l'arène de l'amphithéâtre une plateforme dotée de sièges) et se rencontre fin XIe siècle en français avec la graphie phonétique *pui*, pour désigner une colline, une hauteur. Le mot fut doté au XIVe siècle du fameux *y* « legibilior » (voir *foi, foie, fois*, p. 32), qu'il a conservé jusqu'aujourd'hui…

Foi, foie, fois

S'il est un trio d'homonymes curieux, confondant, déconcertant, c'est bien celui-ci : un nom féminin sans *e* (la *foi*) ? un autre, masculin, terminé par un *e* (le *foie*) ? Voilà qui va à l'encontre de l'intuition orthographique de tout locuteur francophone normalement constitué !

Le nom féminin ***foi*** (« croyance, confiance »), issu du latin *fidem* (mêmes sens), est attesté en français dès le XIe siècle sous les formes *feid, feit*, qui deviennent *fei* puis ***foi*** au XIIe. À la Renaissance, les lexicographes, académiciens et imprimeurs s'amusent à l'adorner d'un *y* final non étymologique : *foy*. Cette graphie ne sera simplifiée définitivement qu'au XVIIIe siècle : l'Académie écrit en 1740 ***foi***.

L'étymologie de ***foie*** est assez surprenante : il a en effet la même origine que le nom *figue* et repose sur une petite erreur de compréhension… Issu du latin *ficatum (jecur)*, « (foie) aux figues » (c'est-à-dire engraissé avec des figues), c'est le mot signifiant « figue » *(ficatum)* qui a été retenu, et non le terme latin pour « foie » *(jecur)* ! Il fut altéré en latin populaire en *fecatu*, puis *feyadu*, lequel perdit sa syllabe finale pour aboutir en *feie*, ***foie*** en ancien français. Là encore, à la Renaissance, surgit notre *y* calligraphique : *foye*, en concurrence avec la forme actuelle ***foie***. C'est cette forme que l'Académie enregistre en 1740, en maintenant le *e* final, à la fois parce qu'il continuait à se prononcer légèrement et afin de faire la distinction avec ***foi***.

La ***fois*** vient du latin *vices,* pluriel de *vicis* (« tour, succession »), que l'on a repris dans le latinisme *vice versa*. *Vicis* avait donné *feiz* au XIe siècle, puis ***fois*** et *foys* (et revoilà notre *y* !) à la Renaissance : on conserva le *s* final afin de bien distinguer graphiquement nos trois homonymes.

Ô mots fun !

À partir du XIVe siècle, nombre de mots se sont parés d'un *y* non étymologique pour des raisons « calligraphiques » : *moy, loy, roy, soy, appuy, ennuy, icy, iray*… Pourquoi ? Dans un simple (et louable) but de lisibilité ; ce *y*, appelé *littera legibilior* (« lettre plus lisible »), avait deux fonctions. Tout d'abord, il remplaçait un *i* ambigu : ce dernier pouvait en effet représenter aussi bien le son [i] que le son [ʒ] (à l'époque, la lettre *j* n'existait pas). Le *y* permit par conséquent de lire correctement certains mots, par exemple *yure*, qui s'écrit aujourd'hui… *ivre* ! (Le *v* n'existait pas non plus.) En outre, il offrait l'avantage, grâce à son jambage, de bien marquer la fin du mot, ce qui devait être assez pratique sur des manuscrits écrits parfois très serrés…

Queue, queux

Le nom ***queue*** a connu bien des évolutions depuis son ancêtre latin ! Issu de *cauda* (d'où la « nageoire *caudale* »), ou plutôt de sa variante *coda*, le mot s'est d'abord écrit *cue, coe, cou* au XIe siècle, puis *queue, cowe* au XIIe. Début XVIIe, on trouve les graphies *couë, queuë*. Pourquoi tant de variété ? Tout d'abord, le *qu* latin (prononcé [kw]) s'était réduit à [k] ; de ce fait, très tôt, la graphie simplifiée avec *c* s'imposa dans de nombreux mots… mais pas tous (c'eût été trop pratique !), de sorte que les hésitations furent nombreuses à la Renaissance : *qu-* fut maintenu dans les mots grammaticaux (*quoi, quand…* mais *comme*, issu de *quomodo*) et, pour des raisons phonétiques, devant le *e* : *que, queue…* Les anciennes formes en *cou-* ont toutefois survécu, presque secrètes, dans les dérivés *couard* ou *couette* ! Quant aux graphies avec tréma (pas toujours bien stables, du reste : *queuë, queüe*), elles s'expliquent par le fait que ce signe servait à noter la prononciation distincte de deux voyelles : or le *e* final de ***queue*** s'est peu ou prou prononcé jusqu'au XVIIIe siècle. L'Académie elle-même écrivit à la fois ***queue***, *queüe* et *queuë* jusqu'en 1718…

Le nom archaïque ***queux*** (« cuisinier ») ne se rencontre plus guère que dans la locution *maître queux*. Ce mot fut emprunté au latin populaire *cocus*, altération du latin classique *coquus* (« cuisinier »), dérivé de *coquere* (« cuire »), et qui donna aussi le *maître coq* (cuisinier à bord d'un navire). Il apparut au XIe siècle sous les formes *cous, cues, cuecs, cueus*, puis fut écrit *queu* jusqu'au XVIe. L'adjonction du *x* final à la même époque servit de lettre distinctive… même si cela le rendit homographe avec un autre mot désuet : la *queux* (ou *queue* !), désignant une pierre à aiguiser, issue du latin populaire *cotis* (« pierre à polir »).

Reine, rêne, renne

La racine indo-européenne *reg-* (qui exprime une idée de mouvement en ligne droite) fut sans doute l'une des plus productives, notamment en latin puis en français : *régir, régime, règle, régulier, rectitude, droit, direct, corriger, direction*… et tant d'autres ! Parmi lesquels, évidemment, ceux qui, étymologiquement, « dirigent » : le *roi* (du latin *rex, regis*) et la ***reine*** (du latin *regina*). Devenu au XIe siècle *reine, raine* ou *roine*, le mot s'écrivit à la Renaissance *reine, royne,* puis *reyne*. Cette graphie, analogique de ses équivalents masculins *rey, roy*, fut conservée par l'Académie en 1694 à l'entrée « REYNE », cependant que tous les exemples étaient écrits ***reine***… Ce n'est que dans la deuxième édition du dictionnaire, en 1718, que la graphie ***reine*** sera harmonisée.

La ***rêne*** (« courroie fixée au mors d'une bête ») est issue du latin populaire *retina*, nom dérivé du verbe *retinere* (« retenir »). En ancien et moyen français, ce nom est attesté sous diverses formes : *resne* (XIe siècle), *redne, regne* (XIIe), *renne* (XVe). La disparition de la consonne interne (le *d* issu du *t* latin) entraîna un allongement de la voyelle, lequel fut noté d'abord par un *s* analogique (mais non étymologique) pour donner *resne*, graphie adoptée par l'Académie entre 1694 et 1740, date à laquelle elle remplaça le *s* muet par un accent circonflexe (comme dans tant d'autres mots) : ***rêne***.

Ambiance tout autre pour le ***renne*** (cervidé des régions froides de l'hémisphère Nord) : ce nom est un emprunt, au XVIe siècle, au scandinave *ren* via l'allemand *Reen*, sous la forme *reen*, francisée ensuite en ***renne***.

Fond, fonds, fonts

Encore un bel exemple de polysémie (***fond, fonds***) où l'on a souhaité distinguer des mots par la graphie !

Le latin *fundus*, qui possédait les deux sens (à la fois *fond,* « partie la plus basse », et *fonds,* « domaine, propriété »), avait donné au XIe siècle la forme *funz*, que l'on trouve par exemple dans la *Chanson de Roland*, avec le sens de *fond* (d'un fleuve). Un siècle plus tard, *funz* apparaît avec le sens de « terre cultivée ou sur laquelle on bâtit ». Longtemps, les deux termes ne sont différenciés ni par l'orthographe ni par le sens : encore aux XVIe et XVIIe siècles, les lexicographes ne les distinguent pas clairement, voire les confondent : on trouve ainsi « *fond* de terre », « à *fonds* de cuve » ; Richelet lui-même semble ne plus trop savoir à quel saint (lexical) se vouer : il écrit « fond ou fonds » pour désigner une « terre qui produit les fruits propres à la nourriture des hommes » ; toutefois, à l'article « fonds », il mentionne un « fond d'esprit et de probité »… mais « cacher un grand fonds de perfidie » !

Et, enfin, Vaugelas vint ! C'est lui qui établit la distinction sémantique entre ces deux mots. L'Académie suivra ses recommandations dès la première édition de son dictionnaire (1694), en écrivant d'une part ***fonds*** (avec le *s* pris au *fundus* latin) pour désigner « le sol d'une terre, d'un champ, d'un heritage », d'autre part ***fond*** pour « l'endroit le plus bas d'une chose creuse »… et ne manquera pas de se prendre les pieds dans le tapis orthographique en donnant pour exemple « c'est un homme qui n'a pas point de fond » !

Du reste, la confusion sémantique et orthographique (qui n'en était peut-être pas une, à l'époque !) s'avérera tenace chez maint auteur. Ainsi, Molière écrit dans son *Dom Juan* (1665) : *« Vous avez un* ***fonds*** *de santé admirable, des lèvres fraîches, un teint vermeil »* ; et Madame de Sévigné : *« Je me sens un si grand* ***fonds*** *de patience pour supporter cette incommodité. »*

Allons au fond (fonds ?) du problème : ces deux faux frères ont dû, de surcroît, faire face à un troisième homonyme : le nom pluriel ***fonts*** (« bassin d'eau bénite servant à baptiser »), que l'on ne rencontre plus guère aujourd'hui que dans la locution « fonts baptismaux ». Issu du latin *fons* (*fontes*, au pluriel), « fontaine, source », qui s'écrivit aussi *funz* (XIe siècle), puis *fons* et *fonds* à la Renaissance, avant que l'Académie ne décide là encore de se référer à l'étymologie latine pour ne retenir que la graphie ***fonts***.

Ô mots fun !

Au XIXe siècle, le grand Émile Littré lui-même ne se privera pas de donner une opinion pour le moins tranchée : *« On peut voir à l'étymologie que* ***fonds*** *et* ***fond*** *sont exactement le même mot. Aussi quand* ***fonds*** *est pris comme ce qu'une personne a de savoir, d'esprit, de probité, etc. et* ***fond*** *comme ce qui fait une sorte de fondement et d'état permanent, les deux significations se confondent tellement que les orthographes dans les auteurs varient sans cesse, et qu'on pourrait faire passer plusieurs exemples sans difficulté de* ***fonds*** *à* ***fond****, ou de* ***fond*** *à* ***fonds****. Le mieux serait de supprimer l's de* ***fonds****, et de ne faire qu'un seul mot de ce qui n'en est réellement qu'un, répondant en latin au mot unique fundus. »*

Sang, sans, cent

Le nom ***sang***, issu du latin populaire *sanguem* (classique *sanguinem*), est attesté dès la fin du Xe siècle en français sous les formes *sang, sanc*, cette dernière se rencontrant encore au XVIIe (au demeurant, elle a survécu dans la liaison en [k] recommandée dans « suer sang et eau » ou dans *La Marseillaise* : *« un sang impur »*). Au fil des siècles, ***sang*** a conservé son *g* final (devenu muet), ce qui a permis de le différencier de ses homonymes. Parmi ces homonymes, la préposition ***sans*** dérive du latin *sine* (« sans »), que l'on retrouve dans *sinécure*. Elle est attestée sous différentes formes dès le Xe siècle : *sen, seinz, sens, sanz, senz* – rien que cela ! Son *s* final (appelé « *s* adverbial ») est dû à une analogie avec de nombreux petits mots, tels *moins, vers, certes, mais* ou *puis*, dans lesquels il était étymologique ; par la suite, il a contaminé nombre d'autres adverbes (pour certains, il a disparu, pour d'autres, il a été conservé) : *encores, ores, jusques, tandis, gueres, volontiers…* Le numéral **cent** vient, quant à lui, du latin *centum*. On le rencontre à partir du Xe siècle sous les formes *cent*, puis *cen, cenz*. Comme souvent, la graphie étymologique *cent* s'est imposée à des fins de distinction homonymique.

Ô mots fun !

La locution *sens dessus dessous* est souvent victime d'une faute, le nom *sens* étant alors remplacé par *sans*… C'est une erreur, certes… Et pourtant, étymologiquement, *sens dessus dessous* est tout aussi fautif ! En effet, l'expression originale était *c'en dessus dessous*, c'est-à-dire « ce qui devrait être en dessus se retrouve en dessous ». Mais *c'en* fut soudé en *cen*, puis confondu avec un vieux mot, disparu depuis, *sen* (« sentier »), qui se vit à son tour remplacé par *sens*, prononcé avec un *s* muet : *sens dessus dessous*.

Sceptique, septique

Dieu que l'homonymie peut s'avérer facétieuse et nous induire en « fosses » orthographes ! C'est, du moins, ce que semble nous enseigner le duo *sceptique/ septique*, mots tous deux issus du grec ancien.

L'adjectif et nom ***sceptique*** est un mot attesté relativement récemment, pas avant le XVIe siècle, avec le sens de « partisan de la doctrine de Pyrrhon », dans le *Tiers Livre* de Rabelais : *« Doncques sont huy les plus doctes & prudens philosophes entrez on phrontistere & escholle des Pyrrhoniens, Aporrheticques, Scepticques, & Ephectiques. »* Le sens devenu courant de « qui se montre incrédule, méfiant » remonte seulement au XIXe siècle. ***Sceptique*** est emprunté au grec *σκεπτικός, skeptikos* (« qui observe, qui réfléchit »), lui-même dérivé d'une racine *skep-/skop-* que l'on trouve en français dans les mots en *-scope* : *horoscope, microscope, télescope…*

Ambiance tout autre pour l'adjectif ***septique*** (« qui provoque une infection », « qui est porteur de germes ») : le mot, apparu en 1538 dans la littérature médicale, est emprunté au grec *σηπτικός, sêptikos* (« qui engendre la putréfaction »), qui a aussi donné *antiseptique, aseptiser, septicémie*. On le trouve souvent dans les expressions médicales *choc septique, fièvre septique*, c'est-à-dire provoqués par des germes pathogènes ; quant à la locution *fosse septique*, elle correspond à un calque de l'anglais *septic tank*.

Saut, seau, sot, sceau

Et voilà un quatuor (rien de moins !) d'homonymes qui nous réserve quelques surprises et péripéties orthographiques…

Le nom ***saut*** est issu du latin *saltus* (« saut, bond ») et avait abouti phonétiquement à *salt* au XIe siècle, puis à *saut* au XIIe. À la Renaissance, certains lexicographes introduisirent un *l* étymologique, qui servait également à conférer une lisibilité au groupe *au*. Mais l'Académie, dans son infinie sagesse, ne retint que la graphie ***saut***.

Seau (« récipient »), du latin populaire *sitellus* (latin classique *sitella,* « urne de vote »), se rencontre au XIIe siècle sous la forme *seel*, puis *seeau,* réduit à ***seau***.
Sot vient du latin médiéval *sottus* (« stupide »), d'origine inconnue, peut-être expressive. Le *t* final fut longtemps prononcé, au moins jusqu'à la fin du XVIIIe siècle. Il devint ensuite muet, engendrant ainsi un nouvel homonyme…
Le nom ***sceau*** (« cachet ») est peut-être le plus intéressant, car son orthographe n'a rien d'étymologique. Le latin classique avait *sigillum* (diminutif de *signum*), en latin populaire *segellum*, qui évolua lui aussi en *seel* en ancien français (XIIe siècle), puis *seau.* Même si la graphie *scel* (avec apparition d'un *c* non étymologique) semble remonter au XIIIe siècle, on ne la trouve pas aux XVIe et XVIIe siècles chez les principaux lexicographes ; ce n'est qu'à partir de Richelet (et son dictionnaire de 1680) que l'orthographe ***sceau*** commença à circuler. C'est bien celle-ci que l'Académie entérina en 1694. Le *c* ajouté y est totalement arbitraire… mais permit de distinguer « pour l'œil » ***sceau*** de ses autres homonymes.

Scie, ci, si, sis, six

Le nom féminin ***scie*** est le déverbal* de *scier,* du latin *secare* (« couper »). Il apparaît sous la forme *sie* au XIIIe siècle. À la même époque, le *c* fut d'abord ajouté au nom *scieur*, afin de le différencier de *sieur*, puis généralisé dans le verbe *scier* au XVIe. Pendant tout le XVIIe, on trouve en concurrence *sie* et ***scie***, avant que l'Académie n'opte pour la graphie actuelle. Le *c* introduit est à la fois pseudo-étymologique (d'aucuns crurent que *scier* venait de *scindere,* « fendre », d'autres du *c* présent dans la deuxième syllabe de *secare*) et distinctif : il permit de s'y retrouver dans le maquis des homonymes de ***scie*** !

L'adverbe démonstratif ***ci*** remonte au latin *ecce hic* (où *ecce,* « voici », est venu renforcer *hic,* « ici »). Au XVIe siècle, on le trouve écrit *cy*, avec le *y* « legibilior » et calligraphique qui servait à noter les fins de mot, et l'Académie maintint cette version jusqu'en 1740 dans son dictionnaire.

Étymologiquement, il existe deux ***si*** en français, tous deux attestés dès le IXe siècle. Le premier est adverbe (« il est *si* beau ! Non ? *Si* ! ») et vient du latin *sic* (« ainsi »). Le second descend du latin *si* : il s'agit de la conjonction de subordination *si*, que l'on trouve sous la forme *se* jusqu'au XVIe siècle. N'oublions pas, tout de même, qu'il existe un troisième ***si*** : la note de musique, formée des initiales de *« Sancte Iohannes »,* quatrième vers de *Ut queant laxis,* l'hymne à saint Jean-Baptiste.

La forme ***sis*** est le participe passé du désuet *seoir* (« être assis »), remplacé par son dérivé *asseoir*, issu du latin *sedere* (participe passé *sissus,* en latin vulgaire).

Le numéral ***six***, issu du latin *sex*, s'est rencontré d'abord sous la forme *sis*, puis *six* à partir du XIIIe siècle, avec *x* étymologique. La prononciation [si] ne se rencontre que devant un mot commençant par une consonne (« six livres »).

Heur, heure, heurt

Comme dans bien d'autres cas d'homonymie, l'évolution phonétique a ici entremêlé des étymologies et des langues fort différentes, qui ont façonné le lexique du français, en l'occurrence le latin, le grec et le francique*.

Heur (« bonne chance ») est un nom masculin obsolète, que l'on n'utilise plus guère, sinon plaisamment dans la locution *ne pas avoir l'heur de* (« ne pas avoir la chance de »). En revanche, ce nom, déjà archaïque au XVIIe siècle, continue à vivre dans plusieurs dérivés très courants : le *bonheur* et le *malheur* (littéralement, « la bonne chance » et « la mauvaise chance »), ainsi que les adjectifs *heureux, malheureux*. ***Heur*** est issu du latin *augurium* (« augure », « présage »), qui avait évolué au XIIe siècle en *oür, aür, eür* (« hasard, chance »). Le *h* initial fut ajouté au XIVe siècle par contamination du nom *heure* dans les locutions *bon eur, mal eur* : cette analogie graphique fut favorisée par la croyance que l'*heure* de la naissance influait sur la destinée (donc sur le *bonheur* ou le *malheur*) des êtres humains.

Heure fut d'ailleurs longtemps écrit sans *h* initial ! Issu du latin *hora* (« heure »), lui-même emprunté au grec *ὥρα, hôra* (désignant à l'origine toute division du temps, aussi bien l'année, le mois que les heures de la journée !), il avait abouti phonétiquement au XIe siècle à *ure, ore*. L'ajout plus tardif du *h* initial correspondant à une réfection savante à partir de l'étymologie gréco-latine.

Le nom ***heurt*** (avec *h* aspiré), attesté au XIIe siècle sous la forme *hurt* (« choc, coup donné en heurtant »), est le déverbal* de *heurter*, écrit d'abord *hurter*, verbe issu probablement du francique* *hûrt*.

Ô mots fun !

La graphie *or(e)* (pour *heure*) a survécu, souvent cachée, dans plusieurs mots invariables très courants. La conjonction de coordination *or* (écrite aussi jadis *ore, ores*) signifia d'abord « maintenant », sens déjà archaïque lorsque l'Académie publia la première édition de son dictionnaire, en 1694. On trouve cette acception chez Malherbe : *« Comme ores à mes yeux vos marques apparaissent »* ; ou même chez La Fontaine : *« Or, adieu, j'en suis hors. »* Cette valeur de temporalité se retrouve dans d'autres adverbes, où notre *or* est bien dissimulé : *d'ores et déjà* (« dès maintenant »), *désormais* (soudure de *dès, or, mais*), *dorénavant* (à l'origine *d'ores en avant*, écrit *doresnavant* par l'Académie entre 1694 et 1740), *encor(e)* (du latin *hinc ad horam,* « d'ici jusqu'à l'heure »), *lors* (latin *illa hora,* « à cette heure-là »), qui a donné aussi *lorsque* et *alors* (de *à lors*).

Teint, tain, thym, tin

Le nom ***teint*** est issu du latin *tinctus*, participe passé du verbe *tingere* (« mouiller, baigner, teindre »). D'abord recensé avec la graphie *taint*, il se rencontre ensuite sous la forme *teint*, puis se vit décoré, à des fins distinctives, d'un *c* muet étymologique à la Renaissance, pour donner *teinct*, avant d'être enregistré par l'Académie, dès 1694, sous sa forme actuelle.

Le substantif ***tain*** (amalgame servant à étamer les miroirs) est une altération de *étain* (dont il avait le sens au XIIe siècle), sous l'influence de *teint* : ***tain*** s'écrivit d'ailleurs *teint* au XVIIe siècle, avant de retrouver son orthographe étymologique. Quant à *étain*, il est issu du latin *stagnum*, déformation de *stannum* (lui-même peut-être emprunté au gaulois).

L'odoriférant ***thym*** nous vient du grec *θύμον, thumon* (désignant une variété de sarriette), via le latin *thymum*. Il s'écrivit d'abord *tym* (XIIIe siècle), avant de se voir ajouter son *h* étymologique au XVIe siècle.

Le *tin* désigne en marine la pièce de bois supportant la quille d'un navire en construction. Recensé en moyen français sous la forme *tint*, il fut emprunté à l'ancien occitan *tin,* ou *tind,* d'origine obscure.

Ô mots fun !

Il siérait de ne pas oublier non plus le verbe *tenir* dans ses étonnantes formes de singulier au passé simple : je *tins* (latin vulgaire *teni*, devenu *tin* en ancien français) ; tu *tins* (latin *tenisti*, devenu *tenis*, refait en *tins* par analogie avec le reste du singulier) ; il *tint* (latin *tenit*).

Temps, tant, taon, tan

Le temps est cruel et assassin, paraît-il… Son orthographe, à bien y réfléchir, ne l'est pas moins… sans même parler de ses homonymes !

Temps est emprunté au latin *tempus, temporis* et est attesté dès le Xe siècle sous les formes *tens, tems*, graphies les plus fréquentes au Moyen Âge et qui perdureront jusqu'au XVIIIe siècle, époque à laquelle la forme avec *p* étymologique, apparue au XIVe, l'emportera définitivement : du reste, dès 1694, l'Académie n'enregistrera jamais que la graphie ***temps***.
L'adverbe ***tant*** est issu du latin *tantum* et se rencontre à la fin du Xe siècle sous les formes *tan, tam*. Dès le XIIe, on rencontre la graphie qui est toujours la nôtre.
Le mot le plus étonnant est peut-être le ***taon***, qui semble jouer la… mouche du coche (ou, du moins, du dictionnaire). Le bas latin *tabo, tabonis* (classique *tabanus*) avait donné *toon, taun* au XIIe siècle, puis *tahon* au XIVe, prononcé « ta-on », avec ajout d'un *h* servant à noter l'hiatus. Cette graphie perdurera jusqu'au début du XVIIIe siècle, aux côtés de la forme taon : l'Académie elle-même enregistre les deux graphies… tout en précisant que l'on prononce « ton » ! Les valses-hésitations continueront, tant graphiquement que phonétiquement : si la graphie *taon* s'impose à partir de 1718, dans la 2e édition du dictionnaire de l'Académie, la prononciation sera « ton » jusqu'à la 7e édition, en 1878, à partir de laquelle les Quarante préconisent de dire « tan » ; du reste, cette prononciation existait déjà au XVIe siècle, comme l'atteste la graphie *tan* de l'époque !
Tan (« écorce de chêne réduite en poudre utilisée pour la préparation des cuirs ») est sans doute issu du mot gaulois *tanno* (« chêne ») ; il apparaît sous cette forme au XIIIe siècle.

Mais, mai, mets, mes

Les mots les plus courants sont parfois ceux qui ont les étymologies les plus étonnantes : ainsi, la conjonction *mais,* que l'on remarque à peine tant ce monosyllabe sait se faire discret, a pour origine le latin *magis,* qui signifiait « plus », sens que notre petit mot a conservé dans la locution *n'en pouvoir mais* (« n'y pouvoir rien »). Attesté dès le Xe siècle, il possède alors tantôt une valeur temporelle, celle que l'on retrouvera dans les adverbes *jamais* (du latin *jam,* « déjà », + *magis*) et *désormais* (agglutination de *dès, or, mais*), tantôt déjà sa valeur adversative, qui marque une opposition.

Le (joli) mois de ***mai*** possède une étymologie non moins jolie ; à l'instar de presque tous les mois de l'année, il fait référence à la mythologie gréco-romaine : *maius mensis* signifiait en latin « mois de Maïa », ladite Maïa étant une déesse de la fertilité et du printemps, épouse de Vulcain. Attesté au XIIe siècle sous la forme *mai*, on trouve la graphie *may*, avec son *y* « legibilior » (voir *foi, foie, fois,* p. 32), avant que la graphie actuelle *mai* ne soit seule entérinée, mais pas avant 1740.

D'autres mots ont une étymologie aussi exquise et piquante que l'idée qu'ils recouvrent : ainsi en va-t-il du ***mets***, victime d'une petite méprise orthographique… Dérivé du latin *missum* (« ce qui est envoyé », « ce qui est servi »), participe passé substantivé du verbe *mittere*, le mot s'est d'abord écrit *mes* au XIIe siècle, conformément à l'évolution phonétique. Au XVe siècle, la situation se complique : à côté de *mes*, on voit fleurir les graphies *metz* et *mets*, dans lesquelles un *t* non étymologique est analogique de *mettre* ou du latin *mittere*. Cet ajout a bien sûr pour avantage de distinguer à l'œil le *mets* de son homonyme ***mes*** (déterminant possessif issu de l'accusatif* latin *meos, meas*), et c'est cette forme que l'Académie enregistrera dès 1694 dans son dictionnaire… bien que tous les exemples qu'elle donne soient présentés sous la forme *metz* et qu'elle écrive *entremetz* jusqu'en 1740 !

Ô mots fun !

Le miracle de l'homonymie étant quasi infini, il existe d'autres homophones se prononçant [mɛ] :

- les formes conjuguées du verbe *mettre* : je *mets,* tu *mets,* il *met* (du latin *mitto, mittis, mittit*) ;
- la *maie* (« huche, pétrin » ; « table de pressoir »), issue du latin *magidem*, du grec *μαγίς, magis* (« pâte pétrie ») ;
- la *maye* (auge de pierre recevant l'huile d'olive à sa sortie du pressoir), variante graphique du précédent.

Vingt, vain, vin

Le numéral ***vingt***, issu du bas latin *vinti* (latin classique *viginti*), s'écrivit *vint* pendant presque tout le Moyen Âge. Le *g* étymologique fut ajouté à partir du XIIIe siècle… pour n'en plus jamais bouger !

L'adjectif ***vain*** vient du latin *vanus* (« vide », « creux, vain », « mensonger, trompeur ») et s'est écrit *vein* et *vain* dès ses premières attestations en français, au XIIe siècle. La graphie étymologique l'a ensuite logiquement emporté.

Le ***vin*** est tiré (si l'on ose dire) du latin *vinum* et attesté en français dès le Xe siècle, et n'a pas varié depuis lors.

Ô mots fun !

N'oublions pas les formes verbales homonymes ! Je ***vins***, tu ***vins***, il ***vint***, passé simple du verbe *venir*, sont issus de *vini* (latin classique *veni*), *venisti, venit,* qui avaient abouti en ancien français à *vin, venis, vint* avant d'être harmonisés et régularisés. Quant aux formes de présent de l'indicatif du verbe *vaincre*, je ***vaincs***, tu ***vaincs***, il ***vainc***, elles dérivent du latin *vinco, vincis, vincit*, qui avaient donné en ancien français *veinc, veinz/vainz, veint/vaint*, avant réfection étymologique et influence analogique qui introduisit le *c*.

Voie, voix

Les voies (et même les voix) de l'étymologie sont parfois impénétrables… Mais, en l'occurrence, la voie orthographique à suivre est des plus droites et aisées.

Le nom féminin ***voie*** (« chemin, trajet », puis « genre, méthode, procédé ») est issu du latin *via* (de même sens), que l'on a emprunté tel quel comme préposition (« aller à Marseille *via* Lyon »). Attesté à partir du XIe siècle sous la forme *veie*, il s'écrivit *voie* dès le XIIe. Mais à partir du XVIe, en concurrence avec ***voie***, apparut la graphie *voye*, dont le *y* correspondait à l'une des quatre prononciations possibles des mots en *-oie* (comme *joie/joye, oie/oye…*), à savoir [ɔj] (comme dans l'anglais « boy ») suivi d'un *e* caduc de moins en moins prononcé au fil du temps. Ainsi, c'est la forme *voye* qu'enregistra l'Académie en 1694, et ce jusqu'en 1740, date à laquelle elle fixa définitivement la graphie ***voie***.

Son homonyme féminin ***voix*** vient du latin *vox, vocis,* dont l'accusatif* singulier *vocem* avait donné par évolution phonétique *voiz* au IXe siècle, puis *vois* au XIIIe. Peu après, la réfection étymologique imposa le *x* final présent dans le nominatif latin : ***voix***, seule forme retenue par l'Académie en 1694.

Ô mots fun !

N'oublions pas les formes verbales homonymes : je ***vois***, tu ***vois***, il ***voit***, ils ***voient*** (présent de l'indicatif du verbe *voir*, latin *videre*). La forme latine *video* avait abouti en ancien français à *vei,* puis *voi*, écrit *voy* au XVIe siècle avec *y* « legibilior » (voir *foi, foie, fois*, p. 32), aligné ensuite sur la 2e personne (avec *-s*) : *je vois. Vides* avait donné *veiz,* puis *voiz,* écrit ensuite *vois. Videt* avait donné veit, puis *voit* et *vident, veient* puis *voient*.

Saint, sain, sein, seing, ceint, cinq

En l'occurrence, on ne sait plus trop à quel saint se vouer, tant l'homonymie se révèle inventive… en partant pourtant de six étymons* latins bien différents ! À tout « seigneur », tout honneur, si l'on ose dire ! L'adjectif ***saint*** est issu du latin *sanctus* (« sacré, inviolable ») ; en ancien français, il s'écrit *sanz, sancz* (Xe siècle), puis *seint* et ***saint***. Nombre de lexicographes des XVIe et XVIIe siècles, férus de latin, réintroduisent le *c* étymologique (muet) : *sainct*. Mais, en 1694, l'Académie enregistre la forme ***saint***, tout en précisant cependant : « Quelques-uns escrivent encore *sainct*. » Par la suite, on ne trouvera plus que ***saint***… mais certains dérivés conserveront le *c* du latin (dans lesquels il est prononcé) : *sanctifier, sanctuaire, sanction*…

L'adjectif ***sain***, du latin *sanus* (« sain, bien portant »), s'est écrit ainsi dès les premiers textes d'ancien français (quoique l'on rencontre aussi çà et là la graphie *sein*) et n'a jamais varié – fait assez rare pour être souligné !
Le nom ***sein*** a pour origine le latin *sinus* (« courbe, pli »), qui a donné aussi *sinueux*. Il est attesté sous sa forme actuelle dès le XIIe siècle (même si l'on trouve aussi parfois la forme *sain*) et n'a, lui non plus, jamais changé.
Le mot le plus intéressant peut-être est à la fois celui qui est le moins connu et le plus désuet : il s'agit du ***seing***, qui désignait jadis une signature. Issu du latin *signum* (« marque, signe, indice, sceau »), le mot s'écrit d'abord *sein, seing, saing* au Moyen Âge. À partir du XVIe siècle, certains lexicographes proposent

la forme *sing* (avec le *i* étymologique de *signum*). Au XVIIe, on ajoute le *g* final à des fins de distinction homonymique et l'Académie évince la forme *sing* au profit de ***seing***, qui préserve la notation de l'ancienne diphtongue nasale et le *g* étymologique. À noter que ce mot a survécu, vaille que vaille, dans les termes juridiques « acte sous *seing* privé » (c'est-à-dire un acte signé non reçu par le notaire), *contreseing* (deuxième signature servant à authentifier la signature principale), ainsi que dans l'expression courante « donner son *blanc-seing* » (« donner carte blanche »), où le nom *blanc-seing*, là encore terme de droit, désigne une signature apposée d'avance sur un papier laissé blanc partiellement ou totalement et dont la rédaction sera complétée ultérieurement par le récipiendaire du document (ouf !).

Ceint, participe passé du verbe littéraire *ceindre* (« entourer »), vient du latin *cinctum*, participe passé du verbe *cingere* (« entourer »), et s'est écrit ***ceint*** dès l'ancien français. Comme toujours, à la Renaissance, l'envie de « relatiniser » notre orthographe est la plus forte : on voit alors apparaître la graphie *ceinct*, avec *c* étymologique non prononcé. Mais, dès 1694, l'Académie ne retiendra que la forme actuelle ***ceint***.

N'oublions pas le déterminant numéral cardinal ***cinq*** ! Venu du latin vulgaire *cinque* (latin classique *quinque*), il fut d'abord écrit *cinc*, puis *cinq* (avec *q* étymologique). ***Cinq*** fut longtemps prononcé [sɛ̃], avec *q* final muet dans certains cas : jusqu'au XVIIe siècle, on prononçait la consonne finale devant un mot commençant par une voyelle (« cinq amis ») ou à la pause (« cinq »), mais elle était muette devant un mot à initiale consonantique (« cinq jours »). Mais c'est de moins en moins vrai depuis le XIXe et surtout le XXe siècle : la tendance est à prononcer le *q* de *cinq* dans presque tous les cas.

Chapitre 2

Les pièges de l'homophonie

Acquit, acquis

« Par ***acquit*** de conscience » : voilà bien une expression dont l'orthographe est souvent estropiée ! C'est que le mot ***acquit*** – un rien obsolète – ne nous parle plus guère aujourd'hui… sinon peut-être dans le domaine fiscal, en rapport avec notre chère feuille d'impôt : autant dire que l'on a tôt fait de l'oublier !

Acquit, nom masculin, est le déverbal* d'*acquitter* (à l'origine, « libérer d'une redevance »), lui-même formé sur *à* et *quitte* et attesté au XIe siècle sous la forme *acquitter* ; ce n'est qu'au XVIe qu'est ajouté un *c* analogique d'autres mots en *acqu-* : *acquicter* (avec second *c* muet et non étymologique), et enfin *acquitter*. Le nom ***acquit*** apparaît, quant à lui, au XIIe siècle, avec le sens de « paiement » (acception aujourd'hui disparue sauf dans le langage administratif). Plus tard, il en vint à signifier « reconnaissance écrite d'un paiement » : « pour acquit » est ainsi la mention figurant sur un document certifiant le paiement d'un dû. Au sens figuré, ***acquit*** en vint rapidement à s'appliquer à ce qui certifie la vérité de ce que l'on affirme, notamment dans l'expression courante (pas avant le XIXe siècle) « par acquit de conscience », c'est-à-dire « pour libérer sa conscience d'éventuels scrupules, afin d'être *quitte* avec elle ».

Rien à voir, par conséquent, avec le participe passé ***acquis***, du verbe *acquérir*. Cette forme d'infinitif remplaça au XVIIe siècle le verbe médiéval *a(c)querre*, issu du latin *acquirere* (« ajouter à, acquérir, se procurer »), lui-même formé de *ad* et *quaerere* (« chercher », « demander »). Le participe ***acquis*** est attesté dès le XIIe siècle avec la graphie *aquis,* mais ne fut employé comme substantif qu'à partir du XVIIe avec le sens de « savoir-faire ».

Auspice, hospice

Les erreurs induites par l'homonymie peuvent parfois s'avérer des plus maladroites, voire embarrassantes, par exemple si vous parlez de « bons hospices » pour évoquer d'heureux présages ou influences…

Ces deux noms, tous deux empruntés au latin, n'ont rien à voir étymologiquement. ***Auspice*** vient de *auspex, auspicis* (augure tirant les présages du vol et du chant des oiseaux), lui-même formé sur *avis* (« oiseau ») et *spicere* (« regarder ») ; il apparaît en français au XIVe siècle sous la forme *euspices* pour désigner les présages tirés du vol des oiseaux. À partir du XVIIe, son sens s'élargit pour s'appliquer à des circonstances annonçant quelque chose de propice ou défavorable (« sous d'heureux auspices », « sous de funestes auspices »), voire, au figuré, à la protection apportée par quelqu'un (« sous les auspices de… »).

Hospice désigna d'abord une maison où des religieux donnaient l'hospitalité, puis un établissement public ou privé accueillant des vieillards, des orphelins, des enfants abandonnés, des infirmes, des malades incurables. Ce terme est de moins en moins employé de nos jours en raison de sa connotation péjorative (il en est venu à être synonyme de « mouroir »). Son étymologie était pourtant loin de cette acception dépréciative : ***hospice*** vient du latin *hospitium* (« hospitalité », puis « logement, gîte ») et est attesté en français au XIIIe siècle avec l'orthographe *hospise*, avant d'être écrit ***hospice***.

Chair, chère, chaire, cher, cheire

La chair est peut-être triste, hélas (nul ne songerait à contredire le grand Mallarmé) ! Toutefois, son étymologie et ses liens avec ses quatre homonymes s'avèrent, à dire vrai, plutôt réjouissants !
Le nom ***chair*** (« viande »), issu de l'accusatif latin *carnem*, de *caro, carnis* (« chair, viande »), est attesté à partir du milieu du XIe siècle, notamment dans la *Chanson de Roland* (vers 1065) avec l'expression *hume de car,* « homme de chair » (c'est-à-dire « homme vivant, être humain »), sous la forme *car*, puis *char*, et enfin *chair* (au XVe).

Le plus surprenant et peut-être le plus intéressant de ces cinq homonymes est sans nul doute le nom féminin ***chère***, que l'on n'emploie plus guère que dans quelques expressions, telles que faire *bonne* ***chère*** (« faire un bon repas »), ladite locution étant souvent victime d'une confusion avec la *chair* : il est vrai que le passage de la « viande » au « bon repas » s'effectue assez aisément ! Les autres locutions sont toutes obsolètes, par exemple ***chère*** *exquise*, ***chère*** *délectable*, *faire maigre* ***chère*** ou, plus encore, *faire* ***chère*** *lie* (« faire bombance avec gaieté », *lie* étant un adjectif féminin archaïque issu du latin *laeta,* « joyeuse »). Ce nom obsolète remonte au grec *κάρα, kara* (« tête »), via le bas latin *cara* (« visage »), qui avait donné *chere* au XIe siècle, avec le même sens de « visage », acception qui déclina jusqu'au XVIe pour ne subsister que dans l'expression *faire bonne/ mauvaise chère à quelqu'un*, « lui faire bon/mauvais visage », c'est-à-dire « bon/

mauvais accueil ». Par métonymie, l'expression se mit à désigner, non plus l'accueil, mais le repas qui le traduit ; puis, *chère* en vint à devenir simple synonyme de « repas, nourriture », l'homonymie avec *chair* n'y étant sans doute pas totalement pour rien…

La ***chaire*** (« tribune élevée ») n'est pas, elle non plus, l'homonyme le moins étonnant : en effet, elle n'est en réalité que la forme originelle de notre… *chaise* ! Issu du latin *cathedra*, lui-même emprunté au grec *καθέδρα, kathédra* (« siège », puis « base » et, en grec tardif, « trône »), le mot est attesté au début du XIIe siècle sous la forme *chaere* (« siège à dossier »), puis ***chaire***. À partir du XVe apparaît la forme *chaeze*, puis *chaise*, variante de ***chaire*** après assibilation* dialectale : la concurrence entre les deux mots durera jusqu'au XVIIe siècle, à la fin duquel *chaise* évince ***chaire***, qui ne va subsister que dans quelques acceptions techniques : « siège d'un pontife » et, par métonymie, « dignité pontificale » ; « tribune élevée du prédicateur », « tribune du professeur » et, par extension, « charge de professeur dans une université ».
L'adjectif ***cher, chère***, attesté dès la fin du Xe siècle, vient du latin *carus, cara*, qui possédait déjà les deux acceptions du français : « aimé » et « coûteux ». On notera que, dans le premier sens, ***cher*** est en général antéposé au nom ; dans le second, il est plutôt postposé : cela permet de distinguer *la très chère maison* et *la maison très chère* !
Le dernier homonyme est plus rare, car c'est un terme régional : la ***cheire*** désigne, dans le Massif central, une coulée de lave présentant des scories et constituant un terrain hérissé et infertile. Attesté au XIXe siècle, c'est un terme auvergnat issu de la racine pré-indo-européenne *kar-,* signifiant « pierre », et que l'on retrouve jusqu'en basque, *karri* (« pierre »).

Autant, au temps

Illustre entre toutes, la locution « ***au temps*** pour moi » a fait couler beaucoup d'encre… et pour cause : orthographiée ainsi, elle nous est à vrai dire difficilement compréhensible de prime abord. Quant à son origine, elle n'en finit pas de diviser les étymologistes…

La plupart d'entre eux (l'Académie française comprise) l'orthographient ***au temps*** *pour moi* en l'expliquant par un ordre d'origine militaire : « Au temps (pour les crosses) ! » signifiait, lorsque les crosses ne retombaient pas en même temps, qu'il fallait reprendre la manœuvre « au temps » antérieur à sa (mauvaise) exécution. Les soldats devaient alors recommencer le mouvement depuis le début. Du reste, l'italien possède peu ou prou la même locution : *« Al tempo ! »* Ce n'est sans doute pas avant le XXe siècle que cette expression s'est immiscée dans la langue courante pour exprimer le fait que l'on admet son erreur et souhaite revenir « au temps » où on ne l'avait pas encore commise. Toutefois, certains étymologistes défendent la graphie *autant pour moi*, arguant, d'une part, qu'elle est tout à fait sensée, elle signifierait « pour moi, je commets autant d'erreurs (que vous) », *autant* étant issu du latin vulgaire *aliud tantum* (« une autre fois autant ») ; d'autre part, que cette orthographe est attestée dans des ouvrages anciens, voire qu'elle serait la graphie originale de la locution ; enfin, que la langue de Shakespeare possède à peu de chose près la même expression : *« So much for me »*…
Malgré tout, la quasi-totalité des ouvrages (notamment les dictionnaires de référence, comme *Le Robert* et *Le Petit Larousse*) préconisent la graphie ***au temps*** *pour moi*.

Balade, ballade

Les hésitations sont monnaie courante, tant les *l* semblent se *balader* à leur gré dans ces homonymes pour le moins facétieux… et l'histoire orthographique de ces deux faux frères nous aide à peine à y voir plus clair !

Nos deux *bal(l)ade* partagent une même étymologie : le latin *ballare* (« danser »), lui-même hérité du grec *βάλλω*, *ballô* (« lancer »), avait donné en ancien français le verbe *baler* (« danser ») et, au XIIIe siècle, le nom *barade* ou *balade* (« chanson à danser »), via le provençal *balada*. Si, au XVIe, le nom *balade* (« poème ») s'écrit plutôt avec un seul *l*, l'Académie n'enregistre, dès 1694, que la forme ***ballade*** (conforme à l'étymologie), suivie en cela par les lexicographes du siècle suivant. Du reste, le *baladin* s'écrira *balladin* jusqu'à la quatrième édition du dictionnaire de l'Académie, en 1762, date à laquelle l'orthographe simplifiée est seule retenue… alors que *baladin* (« danseur de théâtre ambulant », à l'origine) est bel et bien lié à la ***ballade*** !

Quant à la ***balade*** (« promenade, flânerie »), ce mot familier n'apparaît pas avant le milieu du XIXe siècle, écrit dès le début avec un seul *l* pour raison de différentiation homonymique. L'Académie ne l'a pas enregistré avant l'édition actuelle de son dictionnaire (soit la neuvième, entamée en 1986) ! Il s'agit du déverbal* de *se balader*, d'abord écrit… *ballader*, issu de l'argot des gueux « aller quémander l'aumône en chantant », l'évolution sémantique entre la chanson et la flânerie reposant sur le fait que les jongleurs, puis les gueux, se *baladaient* dans les villes en chantant.

Ban, banc

Le nom ***ban*** est souvent victime d'erreurs persistantes, notamment dans certaines expressions telles que « mettre au ban (de la société, des nations…) »…

Il est vrai que le terme est désuet et ses significations obsolètes, qui renvoient pour la plupart à des réalités médiévales qui ne sont plus… Tout au plus, en y réfléchissant un peu, parvient-on à rapprocher ***ban*** du verbe *bannir*. C'est pourtant un mot important et sémantiquement très riche. Issu du francique* *ban* (« proclamation »), il est attesté en français à partir du XIIe siècle afin de désigner la convocation des vassaux par le suzerain pour le servir à la guerre : ce sens nous est resté figurément dans l'expression « convoquer le ban et l'arrière-ban ». À partir du XIIIe, l'idée de « proclamation officielle » concerna le mariage, acception conservée lors de la « publication des bans ». Par extension, le ***ban*** désigna ensuite le roulement de tambour annonçant une proclamation (d'où les expressions « ouvrez le ban ! », « fermez le ban ! »). Enfin, l'idée de proclamation inhérente au ***ban*** s'appliqua ensuite à un exil imposé (le *bannissement*), sens que nous avons gardé dans « mettre quelqu'un au ban » ou « être en rupture de ban ».

Le nom ***banc***, attesté au XIe siècle sous la forme *ban*, est issu quant à lui de la racine germanique *bank-*, désignant un siège allongé, et fut introduit en français par le biais du latin vulgaire *bancus*. Le *c* étymologique fut ajouté en moyen français à des fins de distinction homonymique.

Céans, séant

Voilà deux termes obsolescents qu'il ne messiérait point de remettre au goût du jour !

L'adverbe suranné ***céans*** signifiait « ici, dedans » et s'opposait en cela à un terme sorti d'usage : *léans* (« là-dedans »). ***Céans*** remonte au XIIe siècle, sous les formes *çeenz, ceanz,* puis ***céans*** (1740) ; il est formé de l'adverbe *çà,* « ici », (conservé dans *çà et là*) et de l'ancien français *anz,* « dedans » (du latin *intus*). ***Céans*** s'est employé jusqu'au XVIIIe siècle pour désigner l'intérieur du lieu d'où l'on parle, mais ne se rencontre plus guère, si ce n'est, plaisamment, dans la locution *maître (maîtresse) de* ***céans***.

L'adjectif ***séant*** (« convenable, décent ») est à l'origine le participe présent du verbe *seoir* (« se mettre assis »), lequel fut supplanté par *s'asseoir*, tous deux issus du latin *sedere* « être assis », « être fixé (concrètement et dans l'esprit) », d'où « plaire, convenir ». Attesté d'abord au XIe siècle sous la forme *sedant*, il devient *seant* au XIIe siècle, avec le sens de « étant assis », que l'on retrouve dans la locution *sur son* ***séant*** « en position assise (en parlant d'une personne allongée) », dont on tira le substantif familier ***séant*** (XVIIe siècle), qui désigne la partie du corps sur laquelle on est assis, à savoir le postérieur ! Dans son acception abstraite, l'adjectif ***séant*** est synonyme, depuis le XIIe siècle, de « décent », littéralement « qui sied ». Cet emploi relève aujourd'hui de la langue littéraire ; en revanche, ***séant*** survit dans ses composés *bienséant, malséant* et dans la *séance*. Il existe une troisième forme, paronyme celle-là : l'adjectif *seyant* (« qui donne un aspect agréable ») est attesté tardivement (fin du XVIIIe siècle). Ayant remplacé ***séant*** dans ce sens, il en est une variante populaire, forgée sur la forme d'imparfait *seyait*.

Gent, gens, gent(e)

Les *gens* sont à la fois un des mots les plus banals du français… et l'un des plus originaux et surprenants, tant du point de vue étymologique que grammatical (à cet égard, une phrase telle que « satisfaits, ces bonnes gens sont heureux » relève d'une certaine schizophrénie linguistique !).

Le nom latin féminin *gens, gentis* (« famille, lignée, clan ; race, peuple »), encore employé (prononcé « jenns » ou « guenns ») pour désigner dans l'Antiquité romaine un groupe de famille dont les chefs descendaient d'un ancêtre commun (ainsi Caius Julius Caesar faisait partie de la *gens* Julia), avait donné au Xe siècle l'ancien nom féminin ***gent,*** « nation, peuple », puis « race, espèce » à partir du XVIIe ; ce dernier sens a été conservé plaisamment dans la locution *gent féminine* (*gent* s'y prononce bien « jan », n'en déplaise à nombre de locuteurs contemporains qui font sonner le *t* final pour donner « jante »), ainsi que – souvent grâce à La Fontaine – dans certaines locutions désignant des animaux : *la gent ailée, canine, féline, ovine, trotte-menu* (les souris), *marécageuse* (les grenouilles), *qui porte crête* (les coqs), *à longues oreilles* (les ânes)… Ce nom féminin singulier possédait un pluriel, apparu aussi au Xe siècle, écrit d'abord *genz*, puis ***gens***, qui présentait deux acceptions : d'une part, son sens d'origine, au féminin, de « nation » (que l'on a conservé dans la locution juridique *le droit des gens*, calque du latin *jus gentium*, qui désigne le droit naturel commun à toutes les nations et, par extension, le droit public international) ; d'autre part, un sens plus vague, remontant au latin impérial (1er-2e siècles de notre ère), pour parler d'un « groupe d'hommes »… donc au masculin ! D'où le déchirement des ***gens*** entre le masculin et le féminin, lequel a perduré jusqu'aujourd'hui… Quant à son orthographe, elle fut elle aussi tiraillée au fil des éditions du dictionnaire de l'Académie, entre la graphie ancienne ***gens***, qui s'est finalement imposée, et la graphie « régularisée » *gents*, qui n'a pas survécu…

Il ne faudrait pas omettre un troisième homonyme, adjectif celui-là : ***gent, gente***, terme que l'on n'emploie plus, agréablement, que par archaïsme, essentiellement dans *gente dame*. Ce mot, attesté en français au XIe siècle mais sorti d'usage dès le XVIe, est issu du latin *genitus* (« né »), d'où son sens de « bien né, noble », puis « joli, gracieux ». Il fut partiellement remplacé par *gentil*.

Ô mots fun !

Dans l'ancienne langue, les consonnes finales muettes (tout particulièrement le *t*) disparaissaient à l'écrit lors du passage au pluriel : ainsi, *un parent* devenait *des parens*. Cette particularité orthographique survécut jusqu'au XIXe siècle ; nous en avons gardé quelques traces, par exemple *tout/tous*, *un appât/des appas* et, bien sûr, *la gent/les gens*.

Cession, session

En raison de leurs acceptions parfois didactiques (juridique ou politique, notamment), ces deux noms féminins sont régulièrement victimes de confusions orthographiques.

Cession (« action de céder », dans le domaine juridique) fut emprunté au XIIIe siècle au latin juridique *cessio* (de même sens), lui-même dérivé du supin* *cessum*, du verbe *cedere*. Ses emplois actuels restent circonscrits au lexique du droit international et du droit commercial : la cession d'un territoire, d'une province, la cession d'un bail, d'une créance, d'un bien…

Le nom ***session*** (à l'origine, « fait d'être assis ») vient, quant à lui, du latin classique *sessio*, formé sur le supin* *sessum*, du verbe *sedere* (« s'asseoir »). Il est attesté dès le XIIe siècle avec la graphie *sessiun*, avant d'être refait en ***session*** au XVe. ***Session*** désigna en moyen français la séance (dérivé de *séant*, participe présent du verbe *seoir*, issu du latin… *sedere*) d'une assemblée puis, au XVIIe siècle, d'un concile ou d'un synode. À peu près à la même époque, il apparaît dans un texte concernant le Parlement anglais pour désigner la période pendant laquelle une assemblée tient séance. Un siècle après, sous l'influence de l'anglais, il est désormais utilisé en français en remplacement de *séance*. Par extension, il s'emploie aussi, à partir du XXe siècle, pour désigner la période pendant laquelle siège un jury d'examen ; et, développement de l'informatique oblige, il s'applique, depuis les années 2000, à la « durée d'exécution d'un programme ou de connexion à un service pour un utilisateur donné ».

À noter : le même « piège » homonymique se rencontre dans les dérivés *intercession* (« fait d'intercéder ») et *intersession* (période séparant deux sessions d'une assemblée).

Chaos, cahot, K.-O.

Que voilà un bien drôle d'attelage ! Car on imaginerait à grand-peine homonymes étymologiquement plus éloignés les uns des autres que ces trois-là…

Le ***chaos*** est une magnifique antonomase* comme seule la mythologie grecque sait en créer ! Dans la *Théogonie* de Hésiode (VIIIe siècle avant J.-C.), la divinité nommée *Χάος, Khaos* personnifie le vide primordial, l'espace immense et ténébreux qui existait avant l'origine de toute chose… tout un programme ! Le terme fut emprunté en français au XIVe siècle, via le latin classique *chaos* (chez Virgile), avec le même sens qu'en grec ; ce n'est qu'à partir du XVIe siècle que le sens actuel de « désordre, confusion » s'imposa dans notre langue.

Cahot (« soubresaut, secousse »), attesté à partir de 1460, est le déverbal* de *cahoter* (attesté plus tardivement, au XVIe siècle), dont l'étymologie n'est pas certaine : ce verbe viendrait du néerlandais *hotten* (« secouer »), précédé du préfixe *ca-* péjoratif.

K.-O. (ou *KO*) est l'abréviation de l'anglais *knock-out* (« coup qui met hors de combat »), formé sur le verbe *knock* (« frapper ») et *out* (« dehors »). Le terme fut emprunté à la fin du XIXe siècle dans le domaine de la boxe pour désigner le coup qui met hors de combat un boxeur pendant plus de dix secondes. L'abréviation ***K.-O.*** apparut en 1909 et fut employée dans la langue familière au sens de « assommé », puis « épuisé, éreinté », à partir des années 1940.

Fort, for, fors

De ces trois homonymes, un seul est encore usuel, ***fort*** ; le deuxième, ***for***, ne se rencontre plus que dans une expression figée ; quant au dernier, ***fors***, il ne doit sa survie qu'à une célèbre phrase (sans doute apocryphe, du reste) d'un illustre roi de France…

L'adjectif ***fort*** est issu du latin *fortis* (« vigoureux, courageux ») ; il apparut en français au Xe siècle, tout d'abord avec le sens abstrait de « pénible, ressenti avec acuité » en parlant d'un sentiment ou d'une sensation ; à partir du XIe, il s'appliqua à l'idée de force physique, puis d'endurance et de courage. Au XIIe siècle, ***fort*** fut substantivé pour désigner un homme doué d'une grande force physique (autour de 1600, il se spécialisa avec l'acception de « portefaix », d'où les fameux *forts des Halles*) et, à partir du XIIIe, une place fortifiée. Quant à l'adverbe de manière ***fort***, son emploi remonte au début du XIIe siècle, dans des locutions telles que *frapper fort* ; il fallut attendre toutefois le XVe pour qu'il fût utilisé en tant qu'adverbe de quantité (« fort gentil »).

Le nom commun obsolète ***for*** n'est plus employé que dans l'expression *en mon* (*ton, son…*) ***for*** *intérieur*, c'est-à-dire « dans la conscience, au fond de soi-même », littéralement « dans le tribunal intime de la conscience ». S'il nous semble archaïque, ***for*** n'est en réalité pas si ancien : il n'est pas attesté avant 1611, avec le sens de « cour de justice » ; car le mot fut emprunté à un mot latin bien connu : *forum*, qui désignait une place publique, un marché, puis un tribunal. D'où sa première acception en français, dans le domaine religieux, « juridiction temporelle de l'Église », dans les locutions *for extérieur* ou *for ecclésiastique*. Quant au *for intérieur*, apparu en 1635, il s'appliqua d'abord à l'autorité que l'Église exerce sur les choses spirituelles, avant de gagner la langue courante.

La préposition ***fors*** (« hormis, excepté ») eût été complètement oubliée... n'eussent été les mésaventures martiales survenues à un certain François Ier. Dans la nuit du 23 au 24 février 1525, lors de la bataille de Pavie, les armées françaises essuyèrent une cuisante défaite : dix mille hommes périrent et le roi lui-même fut fait prisonnier. Le lendemain, il fit parvenir à sa mère, la duchesse d'Angoulême, un billet resté célèbre : *« Tout est perdu, fors l'honneur. »* En réalité, la phrase est apocryphe, le mot de François Ier s'avérant moins fier et moins frappant (« de toutes choses ne m'est demeuré que l'honneur et la vie qui est sauve »). Quoi qu'il en soit, l'expression doit sans doute sa superbe à l'archaïque ***fors***, préposition issue du latin *foris* (« dehors ») et attestée au Xe siècle sous la forme *foers*, puis ***fors*** à partir du XIIe. Mais le mot, qui fut évincé par *hors*, était déjà considéré comme sorti d'usage au XVIIe siècle.

Censé, sensé

L'adjectif ***censé*** (de nos jours toujours suivi d'un verbe à l'infinitif) est assez récent, puisqu'il n'est pas attesté avant 1611. Synonyme à l'époque de « classé, répertorié, estimé, évalué », c'est à la fin du XVIIe siècle qu'il acquit son sens actuel de « considéré comme, supposé ». ***Censé*** est à l'origine le participe passé d'un verbe disparu, *censer*, du latin *censare* (« estimer, évaluer », notamment en parlant de la richesse, du *cens*) et signifiant « penser, réputer, croire », « réfléchir, aviser », encore employé au XVIe siècle avec les sens de « compter » et « censurer ».
L'adjectif ***sensé*** (« raisonnable, sage ») est à peine plus ancien : il fut attesté d'abord dans la tournure *mal sensé* (en 1567) ; mais c'est dans *Mélite,* de Pierre Corneille, en 1629, qu'il apparut avec son sens actuel : *« Apprends que les discours des filles bien sensées/Découvrent rarement le fond de leurs pensées (…) »* Il est dérivé de *sens* (dont le sens ancien de « jugement » fut conservé dans notre *bon sens*), d'après le latin *sensatus.*
On notera que le même « piège » homonymique touche les adverbes dérivés *censément* et *sensément* (ce dernier étant archaïque).

Ô mots fun !

Sensé remplaça l'ancien français *sené*, dérivé de *sen*, issu de la racine germanique *sinno* (« direction dans laquelle on marche » et, figurément, « entendement, raison »), et qui fut écrit *sens* par croisement et confusion avec le *sens* (« perception ») venant du latin *sensus* (« action de sentir, de s'apercevoir ») ; l'ancien adjectif *sené* a toutefois survécu dans *assener* ainsi que, déformé, dans *forcené*, rapproché de *force*, mais écrit à l'origine *forsené*, car issu de l'ancienne préposition *fors* (« hors de ») et de notre *sené* (« doué de bon sens ») !

Différent, différend

Notre langue est prodigue en homophones issus d'un seul et même terme mais distingués par l'orthographe (voir *conte/compte*, p. 22 , par exemple) : ainsi de ***différent*** et ***différend***, quoiqu'ils n'appartiennent pas à la même catégorie grammaticale, le premier étant adjectif, le second substantif.

À l'origine, il y eut le latin : *differens* était le participe présent du verbe *differre* (« remettre à plus tard », « être différent »). Ce participe est attesté en 1360, sous la forme *disferent*... mais en tant que substantif, avec le sens de « désaccord » ! Ce n'est que trente ans plus tard qu'on le rencontra comme adjectif, et plus particulièrement comme déterminant indéfini devant un nom pluriel (« différentes opinions »). Au XVIIe siècle, les lexicographes ne connaissaient que la graphie *different*, aussi bien pour l'adjectif que pour le nom. Du reste, au pluriel, les formes étaient strictement semblables : *differens*. Mais l'éloignement sémantique était tel que Richelet (1626-1698) jugea bon de les différencier par la graphie : il introduisit la distinction *diferend* (nom)/*diferent* (adjectif), qui ne fut cependant reprise par l'Académie qu'à partir de 1798 sous forme de variantes (« ***différent*** ou ***différend*** »), avant d'être définitivement entérinée en 1835.
Fallait-il absolument faire ce départ ? Émile Littré régla ainsi son différend avec les académiciens : *« Il est certain que **différent,** adjectif, et **différend,** substantif, sont le même mot. Établir une différence orthographique, est-ce une raison suffisante pour rompre l'analogie ? Cela est d'autant moins nécessaire que dans d'autres mots on n'a plus le même soin et qu'on n'écrit pas incidend, substantif, et incident, adjectif, expédiend, substantif, et expédient, adjectif. »*

Empreint, emprunt

Expédions d'emblée toute querelle phonétique qui ne manquerait pas de survenir : ***empreint*** et ***emprunt*** ne sont pas, *stricto sensu*, des homophones, mais plutôt des paronymes ; les deux voyelles nasales y sont en théorie différentes : si dans le premier on doit bien prononcer [ɛ̃] (comme dans *plein*), dans le second, on devrait plutôt prononcer [œ̃] (plus fermé, comme dans *lundi* ou *parfum*). Mais, dans la langue courante, bien des locuteurs ont neutralisé cette opposition en disant [ɛ̃] dans tous les cas (si bien que *brin* et *brun* ont tendance eux aussi à devenir homophones…).

Empreint est le participe passé du verbe littéraire *empreindre* (« marquer par pression sur une surface » ; au sens figuré : « marquer »), que l'on n'emploie plus guère qu'à la forme passive (« son visage était ***empreint*** de douceur »). Issu du latin *imprimere* (« appuyer sur, faire en pressant »), *empreindre* est attesté au début du XIIIe siècle. Au féminin, le participe passé *empreinte* fut employé de manière substantive à la même période, d'abord écrit *empraínte*, puis aligné au XVIe siècle sur les autres verbes provenant de formes latines en *im* ou *in* (comme *atteindre*, de *attingere*, ou *peindre*, de *pingere*).

Attesté à la fin du XIIe siècle, le nom ***emprunt*** est le déverbal* d'*emprunter*, issu du latin populaire *imprumutuare*, formé sur le latin juridique classique *promutuari* (« emprunter »), lui-même composé de *pro-* (« à l'avance ») et *mutuum* (« argent emprunté à rendre sans intérêts »). Voilà enfin un mot (presque) stable dans sa prononciation et constant dans son orthographe !

Envie, (à l')envi

Qu'il est tentant, tant étymologiquement que sémantiquement, de rapprocher ces deux homophones ! Lorsque l'on est travaillé par un désir, n'a-t-on pas *envie* de le faire *à l'envi* ?

Le nom féminin ***envie*** est emprunté au latin *invidia* (« malveillance, anthipathie, haine »), dérivé du verbe *invidere* (« regarder d'un œil malveillant et funeste, vouloir du mal »), lui-même composé de *in-* et *videre* (« voir »). ***Envie*** est attesté en français dès le Xe siècle sous les formes *enveie, enveia* avec le sens fort latin de « hostilité, haine », sens qu'il a perdu depuis le XVIe siècle : il ne signifie plus aujourd'hui que « désir de quelque chose » ou « jalousie », acceptions apparues dès le XIIe siècle.

La locution adverbiale ***à l'envi*** (« en rivalisant, à qui mieux mieux »), qui ressortit à la langue soutenue, a une tout autre étymologie. L'expression est attestée pour la première fois chez un certain François Rabelais, dans *Gargantua* (1534) : *« À tous enviz et toutes restes »,* c'est-à-dire « en enchérissant ». Elle est formée à partir du substantif de l'ancien français *envi,* « défi au jeu, provocation » (apparu au XIIe siècle), puis « rivalité » (XVIe). Ce nom est dérivé du vieux verbe *envier* (« convier, inviter à, inciter à » ; « provoquer au jeu »), lui-même issu du latin classique *invitare* (« inviter, engager »). Le mot s'est écrit d'abord *envi,* avant de se voir aussi préfixer aux XVIIe-XVIIIe siècles sous la forme *renvi,* employée notamment aux jeux de cartes avec le sens de « relance, renchérissement », mais disparue depuis le XIXe siècle.

Prémices, prémisse

Ces deux homonymes féminins sont d'autant plus faciles à confondre que, dans certains cas, leur sémantisme semble se frôler délicatement…

Les ***prémices***, nom qui n'existe qu'au pluriel, désignent dans un langage soutenu le commencement, le début. Le mot est issu du latin ecclésiastique *primitiae*, nom féminin pluriel désignant les premiers fruits de la terre, du bétail, puis, abstraitement, les débuts, les commencements : dans *L'Énéide* (chant XI), Virgile évoque ainsi les *« malheureux débuts d'un jeune homme »* (*Primitiae iuuenis miserae*). En français, le mot est attesté au début du XIIe siècle sous la forme *primices*, refaite rapidement en ***prémices***, sans doute sous l'influence du latin *praemissa*, qui a donné notre second homonyme : ***prémisse***. D'abord employé dans le contexte religieux pour désigner les premiers fruits ou les premiers animaux nés du troupeau, que l'on offrait à la divinité, *prémices* a pris dès le XIIe siècle le sens figuré de « premières réalisations d'un artisanat, d'une industrie » (« je vous consacre les *premices* de mes estudes, les *premices* de mon travail », trouve-t-on dans la première édition du dictionnaire de l'Académie, en 1694) ; puis, au XIIIe siècle, le mot acquiert l'acception plus large de « première manifestation, commencement » : *« Eux, (…) en arrivaient chaque année à souhaiter que le mauvais temps en gênât la réussite, à consulter le baromètre et à anticiper avec délices les prémices d'un orage qui pût faire rater la fête. »* (Marcel Proust, *Sodome et Gomorrhe*).
Le nom féminin *prémisse* est d'emploi plus didactique et restreint, puisqu'il s'applique, en logique, à chacune des deux propositions (la « majeure »

et la « mineure ») placées au début d'un raisonnement, tout particulièrement d'un syllogisme, par exemple : « Tous les hommes sont mortels. Or Socrate est un homme. Donc Socrate est mortel. » Les deux premières propositions constituent les *prémisses*. Par extension, ce nom désigne un fait d'où découle une conséquence, la condition première d'un phénomène… acception qui, finalement, rapproche quelque peu la ***prémisse*** des ***prémices*** ! Pourtant, son étymologie est tout autre : apparu au XIVe siècle, *prémisse* est un emprunt au latin scolastique *praemissa* (sous-entendu *sententia*), c'est-à-dire « (proposition) placée avant », participe passé substantivé du verbe *praemittere* (« envoyer devant ou préalablement »).

Ô mots fun !

Le *syllogisme* (du grec *συλλογισμός, sullogismos,* « calcul, compte » et « conjecture, supposition ») est bien connu : il consiste en un raisonnement déductif formé de trois propositions, deux prémisses suivies d'une conclusion découlant du rapprochement des deux prémisses. Le syllogisme de Socrate est sans doute le plus fameux… mais il existe aussi des syllogismes « vicieux », tel celui créé par Eugène Ionesco dans *Rhinocéros* : « Tous les chats sont mortels. Socrate est mortel. Donc Socrate est un chat. »

Parfois, un syllogisme peut se voir abrégé, dans ce cas l'une des trois propositions est sous-entendue : on parlera alors (avec un rien de cuistrerie) d'enthymème. Le plus illustre est une citation mondialement connue, que l'on doit à Descartes : *« Je pense, donc je suis. »*

Pallier, palier

Le verbe ***pallier*** est souvent victime d'une triple méprise : sémantique (il ne signifie pas, *stricto sensu*, « remédier », mais plutôt « dissimuler sous une apparence spécieuse » et, par extension, « atténuer faute de remède véritable ») ; syntaxique (on *pallie quelque chose* et non pas *à quelque chose*) ; orthographique, enfin, car il est parfois confondu avec son homonyme ***palier***.

Tous deux n'ont pourtant rien à voir ! Le verbe ***pallier*** possède une étymologie assez imagée : il est emprunté au bas latin *palliare* (« couvrir d'un manteau », d'où « cacher »), lui-même issu de *pallium*, un manteau d'origine grecque, différent de la toge romaine (et qui a donné aussi le nom masculin désuet *poêle*, qui désignait le drap recouvrant le cercueil lors des funérailles, resté dans l'expression *tenir les cordons du poêle*). Apparu autour de 1300, ***pallier*** eut d'abord le sens de « dissimuler une faute » ; son orthographe fut hésitante au XVIIe siècle, tantôt *palier*, tantôt ***pallier***, graphie étymologique et distinctive qui finit par s'imposer.

Le ***palier*** est dérivé de l'ancien français *paele*, ancienne forme de la *poêle*, mot issu du latin *patella* (« petit plat servant au sacrifice »), qui a donné aussi l'espagnol *paella*. *Palier* apparut au XIIIe siècle sous la forme *paelier* (« pièce de métal »), refaite au XVIe en… *pallier*, avec deux *l* ! Tout au long du XVIIe (et même encore début XVIIIe), le mot fut victime d'une confusion avec un homonyme-paronyme, *paillier,* qui désignait un grenier (à paille) ; il fallut attendre 1740 pour que l'Académie enregistrât la forme actuelle ***palier***.

Prêt (à), près (de)

L'adjectif ***prêt***, *prête*, attesté depuis le XIe siècle sous la forme *prest*, vient du latin populaire *prestus*, lui-même formé sur *praesto* (« sous la main, à disposition »). Il était prononcé [pRɛ] dès le XIIe siècle, mais ce n'est qu'en 1740 que l'Académie généralisa l'accent circonflexe : ***prêt***, *prête*.

Près est présent en français dès le XIe siècle avec la graphie *pres*, puis *prés* entre le XVIe siècle et 1740, date à laquelle le dictionnaire de l'Académie entérine la forme actuelle ***près***. Cet adverbe est issu de l'adverbe latin *presse* (« comprimé, pressé, serré »), qui servit à exprimer, dès le latin impérial, la proximité dans le temps et dans l'espace, sens que le français a repris dès les premiers textes, notamment dans la locution prépositionnelle ***près*** *de*.

C'est dans l'acception temporelle de cette locution (suivie d'un verbe à l'infinitif) que le bât orthographique blessa et que naquit la confusion. C'est que l'ancienne langue connaissait un usage temporel de *prêt de* (dès 1180), qui fut peu à peu évincé par *près de*… mais tardivement ! Ainsi, à l'époque classique, il n'est pas rare de rencontrer un La Fontaine écrivant : *« Il tenait un moineau, dit-on/Prêt d'étouffer la pauvre bête »* ; ou un Molière faisant dire à Valère (dans *L'Avare*) : *« Et je suis prêt de soutenir cette vérité contre qui que ce soit. »* On le voit : les deux expressions s'y contaminent, sans que l'on ne sache plus réellement quelle acception est la bonne… Il faudra attendre 1964 pour que l'Académie y mette bon ordre en condamnant *prêt de* et en établissant clairement la distinction entre les deux tournures : ***prêt à*** *partir* (« disposé à, préparé pour ») et ***près de*** *partir* (« sur le point de »).

Repaire, repère

Encore un bel exemple d'une paire d'homonymes remontant à un étymon* unique, mais distingués ensuite par le sens et, subséquemment, par la graphie…

Le nom ***repaire*** apparaît dans la *Chanson de Roland* (XIe siècle), dans laquelle il désigne le retour au pays et, par métonymie, le lieu où l'on revient après une longue absence, la demeure, le logis. Il s'agit du déverbal* de *repairer,* ou *repairier* en ancien français, issu du latin *repatriare* (« rentrer dans sa patrie, retourner chez soi »). Ce verbe s'employa tout particulièrement en vénerie pour parler de l'animal sauvage qui se trouve dans son gîte (d'abord sous la forme pronominale *se repairer*, puis à la forme intransitive), signification qu'il a conservée jusqu'aujourd'hui. C'est cette spécialisation de sens qui donna à ***repaire***, dès le XIIe siècle, son acception actuelle de « lieu servant de refuge à une bête sauvage » ; par extension, le nom acquit au XVIe le sens que nous lui connaissons bien de « refuge pour individus dangereux ».

Quant au nom ***repère*** (« marque de localisation »), c'est une graphie assez récente : elle n'est attestée qu'à partir de la fin du XVIIe siècle pour désigner en architecture une marque faite aux diverses pièces d'un assemblage ; car, auparavant, ***repère*** s'écrivait… ***repaire*** ! Mais le rapport sémantique entre les deux acceptions de ***repaire*** s'étant perdu, l'orthographe servit à les différencier : sous l'influence du verbe latin *reperire* (« retrouver »), ***repaire*** (« marque signalant un emplacement ») fut dès lors altéré en ***repère***, de même que le verbe dérivé *repérer*.

Satire, satyre

Le nom féminin ***satire*** (« écrit, discours railleur qui s'attaque à quelqu'un ou quelque chose ») a une étymologie des plus étonnantes : il est issu du latin impérial *satira*, variante de *satura*, qui désignait toutes sortes de mélanges culinaires (ragoût, macédoine de fruits et légumes, farce…), lui-même sans doute dérivé de l'adjectif *satur* (« rassasié ») – du moins les Anciens l'interprétaient-ils ainsi ; l'idée de mélange fut ensuite transposée au domaine littéraire : *satira* (écrit aussi *satyra*) s'y appliqua à une pièce de genres mélangés (le même processus métaphorique est à l'œuvre dans notre « farce »), puis à un poème critiquant les vices chez des poètes tels Juvénal ou Horace. Le mot français apparut sous la forme *satre* à la fin du XIIIe siècle pour désigner une danse parodique, puis au XVe sous la forme *satire*, un poème narratif à la raillerie mordante, et, au XVIIe, une œuvre de forme libre critique et mordante. Entre le XVIe et le XVIIIe siècle, le mot s'écrivit *satyre* (inspiré par le latin *satyrus*, qui signifiait aussi « drame satirique ») plutôt que *satire,* orthographe qui s'imposa à partir de 1762 dans le dictionnaire de l'Académie.

Le ***satyre*** vient du mot grec *σάτυρος, satyros*, via le latin *satyrus*, divinité terrestre, compagnon de Dionysos, à corps humain, à cornes et pieds de bouc, et réputé pour son comportement lubrique. Le mot est attesté en français au XIIIe siècle avec la graphie phonétique *satire*, avant qu'il ne fût refait, selon l'étymologie, en ***satyre*** à partir du XVIe siècle, époque à laquelle il désigna un homme cynique et débauché, acception aujourd'hui vieillie.

Lieu, lieue

Si le terme ***lieu*** est des plus fréquents de nos jours, il n'en va pas de même de la ***lieue***, qui fleure doux les contes de fées et l'Ancien Régime, avant que la rationalité du système métrique ne s'imposât…

Attention, toutefois : il existe en effets deux ***lieu*** homographes. Le premier, le plus courant, est le *lieu* géographique : issu du latin *locus* (« lieu, endroit, place »), le mot est attesté dès la fin du Xe siècle sous la forme *loc*, puis *leu* (au XIe) et enfin ***lieu*** à partir du début XIIe. Le second ***lieu*** est plus récent et ichtyologique : il s'agit du poisson appelé aussi « colin » et « merlan jaune ». Le mot fut emprunté au XVe siècle à l'ancien norrois (ancienne langue des peuples scandinaves) *lýrr*, de même sens ; d'abord attesté sous la forme *lief*, le mot devint *lieu* au siècle suivant. On notera que ces deux homographes ont un pluriel distinct : *des lieux/des lieus*.

Le nom féminin ***lieue*** désigne une ancienne mesure de distance terrestre valant approximativement 4 kilomètres (mais variable selon les régions ou les domaines dans lesquels elle était employée) et fut peu ou prou en usage jusqu'au XXe siècle ; le mot ne s'utilise plus guère de nos jours que dans les expressions figurées « à vingt/cent lieues à la ronde » ou « être à cent/mille lieues de (penser…) », ainsi que dans les fameuses « bottes de sept lieues » volées à l'ogre par le Petit Poucet (qui faisait donc des pas de quelque 28 kilomètres !). Il existe aussi une *lieue* marine, encore usitée et valant 5,556 kilomètres (plus scientifiquement : la vingtième partie du degré terrestre, soit 3 milles marins) :

elle est demeurée célèbre grâce au roman de Jules Verne *Vingt mille lieues sous les mers* (dans lequel, si l'on est un peu terre à terre – pour ainsi dire ! –, le *Nautilus* devrait plonger par environ 111 120 kilomètres de profondeur !). Attesté autour de 1100 sous la forme *liue*, le nom *lieue* est issu du latin *leuca, leuga*, qui viendrait, selon les auteurs latins eux-mêmes, du gaulois. Afin de distinguer le *u* du *e* final devenu muet, l'Académie l'orna d'un tréma sur le *e* final (*lieuë*) entre 1694 et 1740, date à laquelle la graphie actuelle fut la seule définitivement enregistrée.

Raisonner, résonner

La raison du plus fort est-elle toujours la meilleure ? Nous l'allons montrer tout à l'heure… du moins, en ce qui concerne les homonymes ! Le verbe *raisonner* (« exercer sa raison » ; « chercher à amener [quelqu'un] à une attitude raisonnable ») apparut d'abord sous les formes *raisnier, raisner, resner* (au XIIe siècle, avec le sens de « parler, discourir »), issues phonétiquement du latin *rationare*, lui-même dérivé du nom *ratio, rationis*. Ces formes furent évincées par *raisonner*, refait sur *raison* dès le début du XIIIe siècle. Son homonyme *résonner* (« produire un son accompagné de résonances ») est aussi attesté en français au XIIe siècle ; emprunté au latin *resonare* (« renvoyer les sons, résonner »), il s'écrivit d'abord *resoner*, puis se vit ajouter un *n* au XIVe par analogie avec *sonner (resonner)*, et fut enfin doté d'un accent aigu par l'Académie, en 1740.

Ô mots fun !

La famille du mot *son* est très dysfonctionnelle : ses membres prennent tantôt un seul *n*, tantôt deux… On écrit *sonner, résonner, malsonnant, consonne,* mais *assoner, assonance, consonance, dissoner, dissonance, résonance* ! Pourquoi de telles incohérences ?

Dans les mots les plus anciens, le *o* s'était nasalisé : *soner* se prononçait comme « son nez », avec deux sons nasaux, que les copistes transcrivirent en doublant la consonne : *sonner*. Mais à la fin du XVIe, ces sons se dénasalisèrent et l'on prononça, comme aujourd'hui : « son-ner ». Quant aux mots écrits avec un seul *n*, la plupart furent forgés après cette dénasalisation : il n'y avait donc plus lieu d'ajouter un *n*. Ajoutez à cela quelques palinodies de nos chers académiciens, et le tour fut joué.

Cœur, chœur

Qui pourrait imaginer qu'un mot aussi pur et innocent que ***cœur*** recelât tant de complications orthographiques ! Pourtant, ce sont souvent les mots les plus courants et, apparemment, les plus simples qui s'avèrent les plus riches d'enseignements…

C'est que la graphie de notre ***cœur*** connut bien des soubresauts ! Issu du latin *cor, cordis* (le génitif* ayant donné *cordial*), le mot est attesté au XIe siècle avec différentes graphies : *cor, coer* et même *quor* et *quer* ! À partir du XIIe siècle, la graphie la plus fréquente est *cuer*, dans laquelle *ue* se prononçait comme *eu* et en est l'ancienne graphie (nous l'avons conservée intacte dans quelques mots, comme *cueillir* ou *orgueil*). À la Renaissance, on se mit à écrire *cueur* en gardant l'initiale *cu-* afin de préserver le son [k] (d'ailleurs, certains proposèrent à l'époque de simplifier en écrivant *keur* !). Cette graphie se vit ensuite remplacée au XVIIe siècle par la forme actuelle ***cœur*** (avec la ligature : le fameux « *e* dans l'*o* »), dans laquelle le *o* servit de rappel étymologique du latin *cor*.

Chœur vient du latin *chorus* (« danse, troupe qui danse en chantant »), lui-même emprunté au grec *χορός, khoros* (« danse exécutée par plusieurs personnes en chantant »). Attesté au XIIe siècle, il s'écrivit d'abord *cuer*. À partir du XVIe, une certaine confusion avec *cœur* se fit jour : le *chœur* occupant la partie centrale de l'église, il fut écrit comme l'organe, à savoir *cueur* ! Mais, finalement, l'Académie ne retint que la forme ***chœur***, dans laquelle *ch* distinguait les deux homonymes, et le *o* permit là encore la référence à l'étymologie gréco-latine.

Détonner, détoner

Une certaine confusion règne aujourd'hui entre ces deux verbes assez récents (et sémantiquement assez proches dans certaines acceptions figurées), notamment dans leur forme de participe présent-adjectif verbal : *détonant/détonnant*.

Détonner (« sortir du *ton*, chanter faux », « trancher, jurer ») est dérivé du nom *ton* à l'aide du préfixe *dé-* et du suffixe *-er*. Il est apparu au début du XVIIe siècle sous la forme *destonner* puis *détonner*… même si certains lexicographes l'écrivirent à l'époque *détoner*, notamment l'Académie dans la quatrième édition de son dictionnaire, en 1762 ! Il ne possède pas d'adjectif verbal dérivé, mais son participe présent s'écrit très logiquement *(en) détonnant*.

La situation est moins simple en ce qui concerne ***détoner*** (« exploser, faire entendre une *détonation* »). Attesté autour de 1680, il est issu du latin *detonare*, dérivé de *tonare* (« tonner »), et fut d'abord écrit (notamment par Richelet)… *détonner* ! Par la suite, son orthographe fut simplifiée et alignée sur son étymon*, notamment dès son enregistrement dans la cinquième édition du dictionnaire de l'Académie, en 1798. Le verbe *détoner* possède, pour sa part, un adjectif verbal : *détonant(e)*, que l'on rencontre surtout dans la locution *un mélange détonant*, qui désigne, au sens propre, un mélange de gaz capable de s'enflammer et de détoner, mais s'emploie souvent au figuré pour évoquer une réunion de choses ou de personnes qui peut entraîner des crises violentes.

Ainsi, le mélange détonant est souvent étonnant et peut, sans aucun doute, détonner !

Voir, voire

Ces deux homonymes se ressemblent tellement qu'il serait des plus tentant d'y voir une seule et même étymologie… Que nenni !

Le verbe ***voir*** est, comme l'on s'en doute, l'un des plus vieux mots de notre fonds lexical : hérité du latin *videre*, il apparut sous la forme *veder* au Xe siècle, puis *vedeir, veeir* (XIe) et enfin *veoir* (XIIe). Cette graphie, qui note l'ancien *e* en hiatus (que l'on a conservée dans *asseoir, douceâtre*… ainsi que dans le participe passé *eu* !), s'est maintenue jusqu'au XVIIe siècle : dès sa première édition, le dictionnaire de l'Académie n'enregistra que l'orthographe actuelle ***voir***.
L'adverbe ***voire*** (« et même ») est issu du latin *vera*, pluriel neutre employé adverbialement de l'adjectif *verus* (« vrai, réel, juste, sincère ») ; *verus* avait donné en ancien français l'adjectif *voir* (« vrai »), qui survécut jusqu'au XVIIIe siècle avant d'être évincé par *vrai*, sans doute en raison de son homonymie avec le verbe *voir*. Attesté en français au XIIe siècle, *voir* s'est d'abord écrit *veire* et fut utilisé comme adverbe synonyme de « certes », « assurément », « sans aucun doute », ainsi que pour renforcer une affirmation, pour surenchérir (synonyme de « et même »), acception conservée de nos jours dans la langue soutenue. ***Voire*** s'est aussi employé comme interjection, par antiphrase, pour marquer le doute, l'ironie (« il est intelligent ? Voire ! »), mais cet usage est vieilli. Dès le XVIe siècle, il se voit renforcé par d'autres adverbes, notamment *même* (*voire même*), locution condamnée par certains puristes, mais dûment mentionnée par l'Académie et par Littré. Quant à son orthographe, elle fut hésitante au XVIIe siècle : tantôt *voir*, tantôt ***voire***, cette dernière forme étant entérinée par l'Académie en 1694 afin de la différencier du verbe ***voir***.

Ver, verre, vers, vert, vair

Voilà cinq mots emblématiques de l'homonymie « à la française », ne serait-ce qu'à cause du fameux piège de la fameuse pantoufle de… verre ? vair ?
Le ***ver*** (de terre… ou solitaire), issu du latin *vermis*, est attesté en français dès le Xe siècle sous la forme *verme*, puis *verm*, forme qui survécut jusqu'au XVIIe siècle, en concurrence avec ***ver***. Comme souvent avec les dissyllabes venus du latin, la consonne finale disparaît (par exemple *diurnus* > *jorn* > *jour*), engendrant par là même un risque accru d'homonymie. C'est pourquoi le *m* final fut maintenu aussi longtemps (bien qu'il fût devenu muet) : il permettait de distinguer *verm* de *verd* (***vert***), *verre, vers* (préposition), *vers* (en poésie) et *vair* ; en outre, ce *m* faisait le lien lexical avec les dérivés de la même famille (*vermisseau, vermine, vermeil, vermillon…*)

Verre, issu du latin *vitrum* (« verre »), apparaît au XIIe siècle, sous les formes *voirre, veirre*. À la Renaissance, on trouve en concurrence *voirre* (où *oi* note la prononciation [wɛ]) et *verre* (qui note la prononciation [ɛ]), seule graphie que retint l'Académie en 1694.
Il existe deux ***vers*** : le premier est la préposition provenant du latin *versus* (participe passé du verbe *verto,* « tourner ») et attestée sous sa forme actuelle dès la fin du Xe siècle ; le second est le nom commun désignant une « phrase rythmée en poésie » ; il vient lui aussi du participe latin *versus*, dont l'évolution sémantique est assez jolie : il désigna d'abord le fait de tourner la charrue

au bout du sillon, puis le sillon en lui-même et la ligne ainsi tracée, avant de s'appliquer, par métaphore, à la ligne d'écriture et, enfin, par spécialisation de sens, à la « ligne » servant de base aux poèmes. Dans les deux ***vers***, le *s* final fut conservé à des fins de distinction homonymique.
L'adjectif ***vert***, issu du latin *viridis* (« vert, frais, vigoureux »), apparut au XIe siècle sous les formes *vert* et *verd* au masculin, et *vert* (épicène*, comme en latin), *verde, verte* au féminin. La graphie *verd* pour le masculin survécut d'ailleurs jusqu'au XVIIIe siècle (on la retrouve dans les dérivés : *verdeur, verdir, verdoyant*...), époque à laquelle la consonne finale fut alignée sur le féminin *verte*, orthographié uniquement ainsi à partir du XVIe. On retrouve même cette graphie du masculin *verd* dans le dictionnaire de l'Académie, avec un renvoi à *vert*, jusque dans l'édition de 1878 !

Le dernier homonyme est, paradoxalement, celui qui a le plus fait parler, malgré son emploi assez restreint : il s'agit du nom masculin obsolète *vair* (« fourrure du petit-gris »), du latin *varius* (« varié, tacheté, bigarré ; inconstant, changeant »), attesté en français dès le XIe siècle. D'abord adjectif avec le sens de « gris-bleu » (en parlant des yeux), il désigna à partir du XIIe siècle la fourrure (aux couleurs variées) de l'écureuil petit-gris, puis le mot tomba en désuétude au XVIIe. Jusque-là, tout allait bien... Mais Perrault vint, avec sa « pentoufle de verre » (sic). Le conteur avait-il commis une grossière faute d'orthographe – comme le pensera Balzac : *« Ce mot, depuis cent ans, est si bien tombé en désuétude que, dans un nombre infini d'éditions de contes de Perrault, la célèbre pantoufle de Cendrillon, sans doute de menu vair, est présentée comme étant de verre »* – ou, au contraire, Perrault poussait-il la magie des contes (où tout est possible) jusqu'à inventer des souliers de verre, matière symbolisant l'innocence et la pureté ? Le débat n'est toujours pas clos...

Chapitre 3

Un seul accent vous manque
et tout est bouleversé...

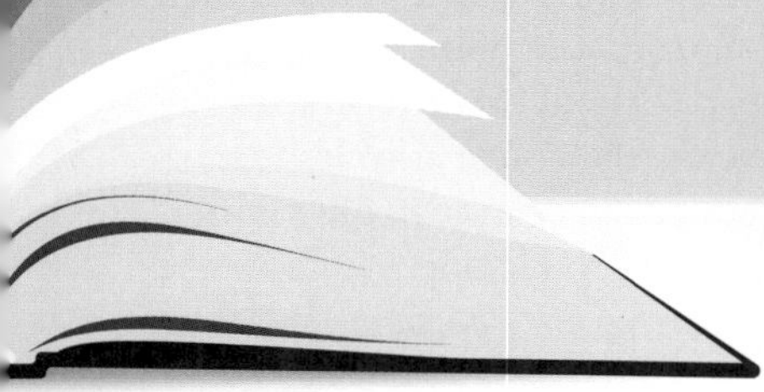

A, à

À tout seigneur, tout honneur ! S'il ne devait rester qu'un exemple de la fonction diacritique* des accents, ce serait bien celui-ci : quel meilleur exemple de différenciation par la graphie que ces deux homonymes si usuels et « passe-partout » ?

La forme ***a***, présent de l'indicatif du verbe *avoir* à la 3e personne du singulier, s'est fortement érodée au fil des siècles, en raison de sa fréquence, si bien que l'on aurait bien du mal à reconnaître son étymon* dans ce monosyllabe si banal ! L'infinitif *avoir* est issu du latin *habere* (dont le *h* n'était pas prononcé, dès le latin classique) et se trouve, comme de juste, être l'un des mots les plus anciennement attestés : dès la fin du IXe siècle, sous la forme *aveir*. Quant à la forme ***a***, elle vient du latin *habet*, qui s'était réduite à *hat* dès le bas latin, puis *at, ad* en ancien français, par exemple dans le *Chanson de Roland*, avant d'acquérir sa forme actuelle *a* (entre le IXe et le XIe siècle).

La préposition ***à*** provient en réalité de plusieurs prépositions latines : la majorité de nos *à* sont issus de *ad* (qui exprimait la direction, le mouvement vers un lieu ou une personne) ; d'autres relèvent de *ab* (qui marquait le point de départ ou la séparation) ; quelques-uns, enfin, sont hérités du latin *apud* (« auprès de, chez »), devenu *abu,* puis *ab,* et *a*. En ancien français, on trouve ainsi les formes *ad* et *ab* (attestées jusqu'en moyen français), en concurrence avec *a*, qui s'écrivit sans accent pendant tout le Moyen Âge. L'accent grave, on le doit à un ouvrage paru en 1533 et qui fit grand bruit à l'époque : la *Briefve doctrine pour deuement* *escripre selon la propriete du langaige francoys*. C'est dans cet opuscule, consacré à l'orthotypographie, que l'on trouve pour la première fois notre ***à***, lequel sera repris par un autre traité qui fut encore plus célèbre à l'époque (et qui, tout en le copiant pour une bonne part, éclipsa la *Briefve doctrine*) : *De la punctuation de la langue francoyse* (1540), dans lequel est reprise la distinction entre la préposition *à* (qu'il préconise d'accentuer) et la forme verbale *a*. Et l'on sait quel succès a depuis lors remporté cette distinction graphique, puisqu'elle fut entérinée par l'Académie française dès la première édition de son dictionnaire, en 1694.

Ô mots fun !

Le même rôle distinctif de l'accent grave fut attribué au couple *la*/*là*. L'article défini et pronom personnel *la* vient du démonstratif latin *illa* ; l'adverbe *là*, attesté en français dès le Xe siècle sous les formes (provençales) *lai, lay*, est issu du latin *illac* (« par là »). L'accent grave fut là encore ajouté à la Renaissance afin de bien différencier ces deux homonymes grammaticaux.

Sur, sûr

La préposition ***sur*** (« au-dessus ») descend du latin *super* (« en dessus, par-dessus ») ou *supra* (en haut, au-dessus), qui avait donné au IXe siècle les formes *sobre, sovre, seur, soure*, puis *sor(e)*. Par croisement avec une autre préposition, *sus* (du latin *susum,* « vers le haut, en montant », que l'on a conservée en tant qu'adverbe : « Sus à l'ennemi ! », « en sus »), *sor* devint ***sur*** et entra alors en concurrence avec *sus* et *dessus* ; elle ne devint d'un usage courant qu'à partir du XVe siècle, avant d'évincer finalement, au XVIIe, ses deux rivales (dès lors circonscrites au rôle d'adverbes).

L'adjectif ***sûr(e)*** est issu du latin *securus* (« exempt de souci », puis « sûr, en sécurité »), lui-même dérivé de *cura* (« soin, souci »), qui a donné aussi *cure, sinécure* ou *curatif*. Le mot est attesté en français à la fin du XIe siècle sous la forme *sour*, puis *seur* au XIIe (prononcées avec hiatus : « sohur », « sehur »), graphie qui perdura jusqu'au XVIIIe, bien qu'elle fût prononcée « sur » depuis deux siècles. Fait amusant : à l'époque, cette graphie faisait de *seur* un homographe de *seur* (*sœur*), si bien que l'on introduisit dans celle-ci un *o* (qui avait en outre l'avantage de rappeler le latin *soror*) afin de les distinguer ! Quant à l'adjectif *sûr*, il reçut son accent circonflexe en 1740, afin de noter la suppression du *e* et de différencier les deux homonymes.

N'oublions pas un troisième homonyme : d'un emploi plus restreint, l'adjectif ***sur(e)*** (« un peu aigre, acide ») a une étymologie tout autre ; il vient du francique* *sûr* (« aigre ») et apparut en français au XIIe siècle sous la forme *sur(e)*, orthographe qu'il a conservée jusqu'aujourd'hui.

Ça, çà

Si l'adverbe ***çà*** est manifestement en voie de disparition, le démonstratif *ça* semble ne pas être au mieux de sa forme, tant la faute consistant à le confondre avec le déterminant possessif *sa – horresco referens* – se répand comme une traînée de poudre via les textos et les réseaux sociaux…
Le pronom démonstratif ***ça***, qui ressortit à la langue familière, ou même parfois au langage courant, est une forme contractée de *cela* (attesté au XIIIe siècle sous la forme *çoula*), mot composé du démonstratif ce et de l'adverbe *là* et s'opposant à *ceci*. La forme syncopée ***ça*** n'apparaît pas avant le XVIIe siècle, d'abord uniquement dans la langue orale, avant d'investir l'écrit et certaines tournures dans lequel *cela* semble, sinon impossible, du moins très soutenu, voire compassé (*comment ça, ça va ?…*).

L'adverbe et interjection ***çà***, tout obsolète qu'il est, n'en demeure pas moins le plus ancien des deux homonymes : attesté autour de 1100 sous la forme *ça* (pour désigner un espace proche du locuteur), il est issu du latin populaire *ecce hac* (l'adverbe classique *hac,* « par ici », étant renforcé par le présentatif *ecce,* « voici »). Longtemps employé en relation avec d'autres adverbes, il est devenu familier et surtout archaïque au XIXe siècle, ne subsistant que dans la locution *çà et là* (« ici et là »). Un autre emploi de *çà* est aujourd'hui obsolète : celui de l'interjection utilisée en début de phrase pour exhorter quelqu'un ou exprimer une émotion (surprise, colère, menace, impatience, indignation) : *ah çà ! çà par exemple !* (aujourd'hui confondu avec *ça* : *ça par exemple !*). Quant à l'orthographe de *çà*, l'accent grave lui fut ajouté au XVIIe siècle, puis retiré au début du XVIIIe, avant de lui être définitivement remis à des fins de distinction.

Bailler, bâiller

Ce duo (qui est en réalité un trio) n'en est plus vraiment un, tant le verbe ***bailler*** est devenu (délicieusement) archaïque et, au rebours, son homonyme ***bâiller*** se révèle d'une grande fréquence dans une société de plus en plus… fatiguée.

Bailler (« donner, mettre à la disposition ») vient du latin *bajulare* (« porter sur le dos » puis, en latin médiéval, « exercer une fonction ») ; il est attesté en français au XIIe siècle sous les graphies *baillier, bailler*, avec les sens de « porter », « donner » et même « gouverner » (jusqu'au XIIIe siècle), d'où les dérivés *bail, bailleur, bailli et bailliage*. Le mot, très fréquent au Moyen Âge, est tenu pour « vieilli » par Vaugelas (1585-1650) et présenté comme obsolescent en 1694 par le dictionnaire de l'Académie. Il est encore employé, mais sans doute par archaïsme burlesque (voire ridicule), dans *Le Bourgeois gentilhomme,* de Molière, en 1670, avec le sens de « donner des coups » : *« Je te baillerai sur le nez, si tu ris davantage. » Bailler* n'a guère survécu que dans l'expression (elle-même vieillie) *la bailler belle* (ou *bonne*) *à quelqu'un*, synonyme de « essayer de le duper », issue du jeu de paume et dans laquelle le pronom *la* renverrait à une balle que l'on nous sert *belle* ou *bonne*.

Son homonyme ***bâiller*** (« ouvrir la bouche ») descend du latin populaire *batac(u)lare*, dérivé du latin tardif *batare* (« être ouvert, avoir la bouche ouverte »). Il apparaît en français au XIIe siècle avec la graphie *baaillier* (« ouvrir la bouche sous l'effet de la faim ») ; en moyen français, l'hiatus *-aa-* se réduisit et, en compensation, la voyelle s'allongea ; l'accent circonflexe joua alors deux rôles : il permit d'une part de noter cet allongement du *a* et d'autre part de distinguer *bâiller* et *bailler*. Voilà un accent bien rentable… du moins à l'époque, car, aujourd'hui, *bâiller* n'a plus guère d'homonyme bien vivant et, en outre, le son de la longueur de son *a* a disparu…

Ô mots fun !

Il existe un troisième homonyme, dont l'emploi se voit aujourd'hui circonscrit à la locution *bayer aux corneilles* (« rêvasser, perdre son temps en regardant en l'air niaisement »). Ce *bayer*-là est en fait une variante d'un autre verbe bien connu (quoique d'un usage lui aussi restreint) : *béer*, issu du latin *batare* (comme *bâiller*, donc !) et qui signifia d'abord, lui aussi, « ouvrir tout grand ». Attesté d'abord sous la forme *baer* (XIIe siècle), il évolua en *bayer* (avec apparition d'un *y*, sans doute sous l'influence de *bâiller*), qui fut longtemps prononcé « bé-yer » (comme les autres verbes en *-ayer* : *payer, balayer…*) ; toutefois, la forme concurrente *béer* survécut et est demeurée jusqu'à nous, surtout dans *bouche bée* et quelques dérivés comme *béant*.

Chasse, châsse

Le saviez-vous ? Le nom ***châsse*** est le seul mot de notre langue dont la voyelle porte un accent circonflexe devant un *s*…

Le nom féminin ***chasse*** (« poursuite ») est le déverbal* de *chasser* ; ce verbe remonte au bas latin *captiare* (dérivé du latin classique *capere,* « attraper »), qui avait donné au XIIe siècle *chacier* (« poursuivre des animaux ») et le nom *chace*. La graphie *chasse* n'apparut qu'au XVIe siècle, pendant lequel elle fut en concurrence avec la forme *chace*, et semble reposer sur une erreur d'étymologie : certains lexicographes crurent que ***chasse*** venait du latin *cassis* (« filet de chasse »), cependant que d'autres privilégiaient la graphie historique *chace* en la comparant aux formes italienne et espagnole (*caccia, caça*). Mais l'Académie, dès 1694, ne retiendra que la graphie ***chasse***.

De ce fait, la ***chasse*** (« poursuite ») devint homographe du nom *chasse* (« boîte »). Ce dernier était issu du latin *capsa* (« boîte »), qui a aussi donné notre *caisse* et avait abouti au XIIe siècle aux formes *chase, chasse* et, en normand, *casse*. Au XVIe siècle, on s'avisa que la voyelle *a* était longue (alors que dans l'autre *chasse*, elle était perçue comme brève), si bien que l'on tenta, avec plus ou moins de bonheur, de traduire cette longueur dans la graphie : certains lexicographes proposèrent ainsi d'écrire – chose qui peut nous paraître aujourd'hui incongrue – *chásse* avec un accent aigu ; mais la graphie historique *chasse* tint bon dans le dictionnaire de l'Académie jusqu'en 1740, et la troisième édition, dans laquelle l'abbé d'Olivet, académicien (et, accessoirement, précepteur d'un certain Voltaire), introduisit la graphie ***châsse***, qui permit à la fois de noter la longueur du *a* (devenu depuis un *a* dit « postérieur », comme dans *pâte*) et de distinguer graphiquement les deux (quasi-) homonymes.

Cote, côte, cotte

Stricto sensu, les homonymes distingués par un circonflexe sur le *o* ne sont pas réellement des homophones… mais cela dépend aussi des lieux et des accents : dans certaines régions, en effet, le *o* ouvert et le *o* fermé ont tendance à se voir neutralisés. Ainsi, nos *cote* et *côte* deviennent ambiguës.
Le nom féminin ***cote*** (« montant d'une cotisation ; marque ; estimation ») est issu de l'adjectif interrogatif latin *quota* (« combien, en quel nombre »), utilisé en latin médiéval dans l'expression *quota pars* (« part qui revient à chacun »). Cette locution fut transposée au XIVe siècle en français en *quote partie* (que nous avons conservée dans le nom composé *quote-part*), avant que *quote* ne se vît substantivé : une *quote*, qui s'écrivit ainsi jusqu'au XVIIe siècle (de même que le verbe dérivé *quoter*). À partir de cette époque, un mouvement de simplification du *qu-* latin en *c-* se fit jour… mais il demeura partiel et seul un nombre assez modeste d'emprunts savants au latin furent simplifiés, parmi lesquels *cote* dès la première édition du dictionnaire de l'Académie, en 1694, cependant que *quote-part* conservait sa graphie étymologique…

Son homonyme ***côte*** (« os ») vient du latin *costa* (« côte » ; « côté, flanc » ; puis, en bas latin, « rivage de la mer ») et apparut en français au XIIe siècle avec la graphie *coste*. À cette période, le *s* s'était amuï*, mais permettait de noter l'allongement de la voyelle *o* ; toutefois, cet allongement fut ensuite transcrit par l'accent circonflexe : ***côte***, forme entérinée au XVIIIe siècle, époque à laquelle, précisément, la longueur du *o* céda la place à sa fermeture. Mais l'accent circonflexe y sert surtout à distinguer *cote, côte*… et même *cotte* (« tunique, jupe », issu du francique* *kotta*).

Fait(e), faîte

C'est un fait bien établi : l'accent circonflexe est un outil très pratique pour différencier « à l'œil » les homonymes (or, notre orthographe est éminemment une orthographe « pour l'œil »).

Le participe passé ***fait***, ***faite,*** du verbe *faire* (latin *facere*), est issu de *factus*. Cette graphie phonétique fut « relatinisée » au XVIe siècle en *faict* (avec *c* muet). Au siècle suivant, les deux formes furent en concurrence, avant que l'Académie ne tranchât dès la première édition de son dictionnaire, en 1694 : ce serait *fait*, aussi bien pour le participe que pour le nom commun (*un fait*)… Toutefois, le *c* fut maintenu – et prononcé ! – dans nombre de dérivés : *factieux, facteur, facture*…

Le nom masculin ***faîte*** (« cime ») apparut, quant à lui, au XIIe siècle, sous les formes *fest* (masculin) et *feste* (féminin), pour désigner la partie la plus élevée d'un édifice. Le mot est issu du francique* *first* (« comble d'un édifice »), mais subit une réfection au XVIe siècle par rapprochement avec le latin *fastigium* (« toit à deux pentes, sommet »), d'où la graphie avec *ai* : *faiste*, laquelle devint ***faîte*** à partir de 1740. Dernier rebondissement : depuis les rectifications de 1990, on peut écrire ce mot sans accent circonflexe : *le faite*. Mais ne paraît-il pas terriblement inachevé sans son toit pointu ?

Ô mots fun !

Concernant la phonétique, on notera que le nom commun *fait* a tendance de nos jours à se prononcer [fɛt], en faisant entendre le *t* final, notamment dans la locution *en fait*. Cela semble correspondre à un mouvement phonétique de fond des dernières décennies : la reprononciation de lettres muettes depuis quelques centaines d'années… D'ailleurs, comment prononcez-vous ces mots : *août, dompter, mœurs, persil ?*

Forêt, foret

Que serait notre *forêt* sans le fier accent circonflexe qui couronne glorieusement sa cime… et qui permet de la distinguer de l'instrument qui, précisément, pourrait faire du mal à ses enfants ?

Le nom féminin ***forêt*** est attesté en français au XIIe siècle sous la forme *forest* (celle-là même que les Anglais nous ont empruntée et ont préservée telle quelle !). Son étymologie n'est pas tout à fait assurée, mais elle reposerait sur la locution latine *silva forestis* (« forêt relevant de la cour de justice du roi »), locution désignant la « forêt royale » au VIIIe siècle, *forestis* étant lui-même dérivé du latin classique *forum* (« place publique », puis « tribunal ») ; pour certains étymologistes, *forêt* viendrait plutôt du francique* *forhist* (« futaie de sapins ») ou de l'ancien haut allemand *foreht*. Quoi qu'il en soit, le *s* de *forest* n'était plus prononcé dès le XIIe siècle, mais fut maintenu dans la graphie jusqu'en 1740 afin de noter la longueur du *e* ; à partir de cette date, l'Académie enregistra la forme avec accent circonflexe : ***forêt***. On notera que le *s* est demeuré dans les dérivés, comme *forestier*, dans lequel il se prononce (bien que cela n'ait pas été toujours le cas : César Pierre Richelet, par exemple, indique en 1680 qu'il faut prononcer *forétier* – mais l'Académie, en 1718, ne le suivra pas, précisant que « l'*s* se prononce »).

Son homonyme masculin, le ***foret*** (« instrument pour forer »), est dérivé, au moyen du suffixe diminutif *-et* (latin populaire *-ittum*), du verbe *forer*, lui-même issu du latin *forare* (« percer, trouer »). Le mot est attesté dès le XIIIe siècle avec cette orthographe.

Cru, crû

L'histoire de l'accent circonflexe sur les participes passés en *-u* est tout sauf un long fleuve tranquille – du moins est-ce ce que nous prouvent les évolutions orthographiques des homonymes *cru/crû* –, d'autant plus qu'il existe un second *cru*… pourtant issu de *crû* ! (Ça va, vous suivez ?)

Reprenons : le participe passé *cru, crue,* du verbe *croire* (du latin *credere*), est issu du latin vulgaire *credutus*, qui avait abouti, après un certain nombre de péripéties phonétiques, à *creu*, écrit le plus souvent *creü* (féminin *creüe,* ou parfois *creuë*) afin de marquer l'hiatus. À partir du XIVe siècle, le *e* ne fut plus prononcé ; mais la graphie *creu* (prononcé « cru ») perdura jusqu'au XVIIIe siècle, époque à laquelle on introduisit l'accent circonflexe à la place du *e*, afin de noter la durée longue de la voyelle : *crû, crûe*. En 1762, nouveau changement orthographique : suivant la proposition du grammairien César Pierre Richelet (1626-1698), l'Académie simplifia pour aboutir à la graphie actuelle : ***cru***, *crue*.

Le participe passé ***crû***, ***crue,*** du verbe *croître* (latin *crescere*), remonte au latin vulgaire *crevutus*, lequel avait, lui aussi, abouti en ancien français à *creu, creue*, souvent notés *creü, creüe*. Après amuïssement* du *e*, l'Académie écrivit, entre 1740 et 1798, *cru, crue* ; mais, de ce fait, les deux participes passés *cru* et *crû* étaient devenus strictement homographes ! En 1798, les immortels se décidèrent à distinguer les deux verbes, en systématisant l'accent circonflexe dans de nombreuses formes de *croître*, notamment le participe passé… mais uniquement au masculin singulier : ***crû***, *crue, crus, crues* !

Quant au nom masculin ***cru*** (« vignoble, vin »), il est bien issu du participe passé *crû*. Attesté au XIVe siècle sous la forme *creu*, il s'écrivit çà et là, au XVIIIe, avec un accent circonflexe tout à fait logique… mais l'Académie ne retint jamais cette graphie et lui préféra *cru* à partir de 1740…

N'oublions pas un quatrième homonyme : l'adjectif *cru, crue* (« qui n'est pas cuit ; brutal »), qui a lui aussi connu quelques évolutions non négligeables. Descendant du latin *crudus* (« saignant »), il apparut sous sa forme actuelle dès le XIIe siècle, mais fut « relatinisé » au XVIIe : un *d* final lui fut ajouté au masculin (*crud*), le féminin étant écrit *crue, cruë*. L'orthographe *cru, crue* tarda à s'imposer (peut-être à cause du dérivé *crudité*) : elle ne fut entérinée qu'à partir de 1762.

Ô mots fun !

Plusieurs participes passés en -*u* ont connu peu ou prou les mêmes vicissitudes orthographiques… La plupart ont fini par être régularisés : *beu, conneu, veu* ont donné *bu, connu, vu*. Quelques-uns ont conservé leur accent circonflexe au masculin singulier : *crû, recrû, dû, redû, mû* (mais, depuis les rectifications de 1990, on peut écrire *recru, redu, mu* ; seuls *crû* et *dû* gardent leur accent par souci de distinction homonymique). Enfin, un seul participe a conservé sa graphie « médiévale » : *eu* !

Gêne, gène

Comme tant d'autres mots en français, le nom féminin *gêne* nous raconte l'histoire d'un affaiblissement sémantique au fil des siècles… Car il possède une étymologie assez infernale ! ***Gêne*** est issu d'un croisement entre deux termes d'origine très différente : tout d'abord, le francique* *jehhjan* (« avouer ») donna en ancien français *gehir* (« avouer sous la torture »), auquel fut ajouté le suffixe de féminin *-ine* : on aboutit, au XIIe siècle, au nom *gehine* (« torture »). Celui-ci se vit influencé par le nom *géhenne* (« enfer » dans la Bible », puis « torture », « tourment ») ; ce terme, attesté au XIIIe siècle, vient du latin chrétien *gehenna*, lui-même emprunté à l'hébreu *ge-hinnom* (« vallée de Hinnom », au sud de Jérusalem, où des Juifs idolâtres sacrifiaient des enfants au dieu Moloch). Notre ***gêne*** n'apparut qu'au XVIe siècle avec le sens fort de « torture, tourment, douleur morale » et sous des formes assez variables, témoins du croisement entre *gehine* et *gehenne* : *geine, gehenne, genne*, puis *gesne* au XVIIe, graphie dans laquelle le *s* servit à noter le *e* long ; enfin, au début du XVIIIe, le *s* fut remplacé par l'accent circonflexe : ***gêne***. Quant au sens, il alla s'atténuant au fur et à mesure (chez Montaigne, par exemple, la ***gêne*** peut désigner une sensation physique désagréable) ; néanmoins, le sens fort de « torture » subsista jusqu'au début du XIXe siècle.

Le nom masculin ***gène*** (« élément du chromosome porteur d'informations héréditaires ») est bien plus récent : il s'agit d'un terme scientifique forgé en 1909 sur le mot grec *γένος, genos* (« naissance, descendance, famille ») par le biologiste danois Wilhelm Johannsen. Le mot fut d'abord employé dans un texte scientifique allemand, puis en anglais (*gene*), avant d'être transposé en français.

Matin, mâtin

Qui pourrait croire que ces deux quasi-homophones, distingués uniquement par l'accent, ont des origines aussi différentes ? Les aléas de l'évolution phonétique sont décidément bien facétieux…

Matin (« commencement de la journée ») est un mot très ancien, puisqu'il est attesté depuis 980 sous sa forme actuelle. Le mot est tiré du latin *matutinum (tempus),* « (temps) avant midi », *matutinus* étant lui-même dérivé d'un nom propre, celui de *Matuta*, ancienne déesse italique (d'origine osque) de l'Aurore, du matin.

Le nom ***mâtin***, largement obsolète de nos jours, désignait un gros chien de garde ou de chasse ; à partir du XVe siècle, il servit aussi, par métaphore, à désigner un homme grossier, laid ou désagréable et, par suite, au XIXe, une personne espiègle, turbulente et malicieuse (un ***mâtin***, une *mâtine*) ; enfin, ***mâtin*** fut employé comme interjection exprimant la surprise, l'admiration. Le mot, apparu en français au XIIe siècle sous la forme *mastin*, est issu du latin populaire *mansuetinus* (« apprivoisé »), dérivé du classique *mansuetus* (« apprivoisé, doux, tranquille »), lui-même issu du verbe *manere* (« rester »). Au XVIe siècle, le mot s'écrivit *matin* ou *mastin* (avec *s* muet), cette dernière forme étant la seule enregistrée par souci de distinction homonymique et phonétique (le *a* de *mâtin* étant une voyelle longue) dans le dictionnaire de l'Académie en 1694, avant que le *s* ne se vît remplacé par l'accent circonflexe en 1740. Aujourd'hui, l'opposition phonétique entre le *a* postérieur de *mâtin* et le *a* antérieur de *matin* (comme dans bien d'autres couples, tel *pâte* et *patte*) tend à être neutralisée par les locuteurs français, alors qu'elle est souvent maintenue dans la francophonie, notamment en Belgique…

Jeune, jeûne

Lorsqu'il fut question, voilà quelques années, de supprimer l'accent circonflexe, on se gaussa à bon droit du quiproquo pour le moins équivoque engendré par la phrase : « Je vais me faire un petit *jeune/jeûne.* » En réalité, d'une part, l'accent circonflexe ne peut être ôté quand il existe un risque d'ambiguïté (or, c'est bien le cas ici) ; d'autre part, à l'oral, *jeune* et *jeûne* ne sont pas de vrais homonymes : le premier se prononce avec un *eu* ouvert (comme dans « peur »), le second avec *eu* fermé (comme dans « peu »).

L'adjectif (et nom) ***jeune*** est issu du latin populaire *iovenis* (latin classique *iuvenis*) et est attesté en français dès le XIe siècle sous des formes très variées, quasi illisibles pour nous (à une époque où le *j* et le *v* n'existaient pas encore) : *iuuene, iouene, geune, iofne*… En moyen français, l'inflation des graphies donne presque le tournis : *ione, iosne, ioune, ioene, ioenne, iuenne, gienule, giemble*… La lettre *j* ne fit son apparition qu'au XVIe siècle en français : à cette époque, on trouve encore la graphie *iuene* (ou *ue* notait le son « eu », comme dans *cueillir*), mais aussi, déjà, *juene* et ***jeune***, forme qui sera finalement retenue par l'Académie dès la première édition de son dictionnaire, en 1694.

Le nom ***jeûne*** (« diète ») est intéressant à plus d'un titre. C'est le déverbal* de *jeûner*, verbe hérité du latin chrétien *ieiunare* (ou *jejunare*, en orthographe modernisée), signifiant « jeûner, faire abstinence ». ***Jeûne*** se rencontre en ancien français dès le début du XIIe siècle avec la graphie *iuine*, qui évoluera au XVIe en *iune, ieune*, en tant que nom féminin, et *ieun* au masculin (que nous avons conservé dans la locution *à jeun*). Au XVIIe siècle, le mot se vit ajouter un *s* diacritique* (et non étymologique) afin de signaler que la syllabe *eu* était longue : l'Académie enregistra ainsi la forme *jeusne* en 1694, mais, comme dans nombre de cas, remplaça le *s* par un accent circonflexe jouant le même rôle en 1740 : ***jeûne***.

Ô mots fun !

La famille de *jeûner* ne s'arrête pas là : elle nous offre même un magnifique couple de doublets étymologiques (paire de mots issus d'un seul étymon*, dont le premier a été transmis, souvent déformé, par la langue orale, et dont le second fut créé plus tard par la langue savante) : à partir du bas latin *disjejunare* (« rompre le jeûne »), on a obtenu, par la voie phonétique, *disner* puis *dîner* (et aussi, depuis 1990, *diner*) ; par la voie savante, *desjeuner* puis *déjeûner* (1740), et enfin *déjeuner* (1798). La disparition de l'accent circonflexe (en contradiction avec *jeûner*) s'explique sans doute par le changement de timbre du « eu » (ouvert dans *déjeuner*, fermé dans *jeûner*) ainsi que par la rupture du lien sémantique entre les deux verbes (*déjeuner* ne signifie plus « cesser de jeûner »).

Mur, mûr

Le nom masculin ***mur*** ne pose guère de problème orthographique : c'est un mot très sage, qui, issu du latin *murus* (« mur, rempart, clôture, enceinte »), est attesté en ancien français dès la fin du Xe siècle dans la *Passion du Christ* (ou *Passion de Clermont*), poème anonyme écrit en langue occitane (mais contenant de nombreux traits de langue d'oïl). Depuis lors, *mur* n'a connu aucun changement phonétique ni orthographique.

On ne pourra pas en dire autant de l'adjectif ***mûr***, *mûre* (« parvenu à maturité ») ! Issu du latin *maturus* (« mûr »), ce mot apparut en français au XIIe siècle avec la graphie *meur, meure* (prononcé avec un hiatus : « me-hur »). À partir du XVIIe, cette orthographe fut concurrencée par la forme ***mûr***, *mûre* ; toutefois, elle résista assez bien, sans doute parce que, comme le disent certains grammairiens de l'époque, le mot était aussi prononcé phonétiquement, à savoir « meur » (comme *peur*) ; de sorte que l'Académie, en 1694, ne retint que la graphie *meur, meure* (mais précisa que « on prononce mûr & mûre »). Ce ne fut que dans la troisième édition du dictionnaire, en 1740, que fut enregistrée la forme actuelle, avec accent circonflexe : ***mûr***, *mûre*. Quant aux rectifications de 1990, elles ont maintenu le circonflexe (afin de distinguer *mur* et *mûr*)… mais uniquement au masculin singulier : les autres formes peuvent être écrites, au choix, avec ou sans accent : *mûre/mure, mûrs/murs* (pourtant homographe de *les murs*), *mûres/mûres*. Pourquoi faire simple, quand on peut faire compliqué ?

Pêche, pêche, (il) pèche

La ***pêche*** (fruit du pêcher) provient d'une antonomase* : le mot est issu du latin populaire *persica*, latin classique *persica (pomum)*, c'est-à-dire « fruit de Perse ». Attesté en français au XIe siècle, il s'écrivit *persche*, puis *pesche* jusqu'au XVIIIe siècle, le *s* servant à noter la durée longue de la voyelle ; ce même *s* fut remplacé en 1740 dans le dictionnaire de l'Académie par l'accent circonflexe : ***pêche***.

Son homographe ***pêche*** (capture de poisson) est le déverbal* de *pêcher* (lequel est aussi homographe du *pêcher*, arbre fruitier), issu du latin *piscari* (« pêcher »), lui-même dérivé de *piscis* (« poisson »). Le verbe *pêcher* apparut au XIIe siècle sous les formes *peschier, pescher*, cette dernière perdurant jusqu'à la Renaissance (cependant qu'à l'époque, selon plusieurs lexicographes, l'arbre fruitier se disait toujours *peschier* – ce qui permettait de les distinguer). En 1694, l'Académie retint la graphie *pesche*, qu'elle remplaça par ***pêche*** en 1740, l'accent circonflexe se substituant au *s* muet pour noter la voyelle longue et ouverte.

Pèche est une forme de présent de l'indicatif du verbe *pécher* (« commettre une faute »), issu du latin *peccare* (« faire mal, faillir »), que l'on retrouve en français dans *peccadille* (de l'espagnol *pecadillo,* « petit péché ») et dans l'adjectif *impeccable* (à l'origine, « incapable de pécher »). Attesté au XIIe siècle avec la graphie *pechier*, il s'écrivit *pecher* jusqu'en 1718, avant que l'Académie n'introduisît, en 1740, l'accent aigu afin de noter le *é* fermé (*pécher* et les dérivés : *pécheur, pécheresse*) et l'accent grave afin de noter le *è* ouvert (*il* ***pèche***).

Ou, où

La chose est aujourd'hui bien connue : le mot ***où*** est le seul de la langue française à présenter un accent grave sur le *u*… Il a donc fallu créer, sur les claviers d'ordinateur, une touche spéciale rien que pour le *ù* !
La conjonction de coordination ***ou*** (servant à exprimer une alternative) est issue du latin *aut*, de même sens. Le mot est attesté dès le Xe siècle en ancien français sous les formes *u*, puis *o* et ***ou*** à partir du XIe.
Le pronom, adverbe relatif et interrogatif *où*, qui exprime le lieu et parfois le temps, vient du latin *ubi* (« où ») ; celui-ci avait donné en ancien français d'abord *ut* (Xe siècle), puis *o* et *u* (fin Xe), et enfin *ou* à partir du XIIe. Dès le début du XVIe siècle, avec la *Briefve doctrine pour deuement escripre selon la propriete du langaige francoys* (l'un des premiers opuscules consacrés à l'orthotypographie), l'accent grave diacritique* était préconisé sur le *u* de ***où*** (tout comme sur la préposition *à* ou les adverbes *là* et *çà*). Si certains lexicographes préférèrent conserver la graphie *ou* (par fidélité au latin), l'Académie entérina dès 1694 la forme actuelle, avec accent grave, mais uniquement dans les exemples ; ce ne fut qu'en 1762 que ***où*** se vit doté de son accent à la fois dans le mot vedette et dans les exemples.

Ô mots fun !

En réalité (et pour être parfaitement cuistre), précisons qu'il existe un autre mot qui contient un *ù* : *festoù-noz*, pluriel du mot breton *fest-noz*, qui est enregistré dans nos dictionnaires depuis un certain nombre d'années. Toutefois, il s'agit, certes, d'un emprunt à la langue bretonne…

Roder, rôder

Ces deux verbes ne sont pas, en théorie, de vrais homonymes : *roder* devrait se prononcer avec un *o* ouvert (comme dans *ode*), *rôder* avec un *o* fermé (comme dans *chaude*)… Dans la réalité phonétique, c'est un peu moins net…
Le premier, ***roder***, est un verbe transitif emprunté au latin *rodere* (« ronger, user »), qui a donné aussi *éroder, corroder*. Le mot n'est introduit en français qu'au XVIe siècle (il ne figurera même dans le dictionnaire de l'Académie qu'à partir de la huitième édition, en 1935 !). *Roder* a perdu très vite son sens étymologique pour devenir un terme d'armurerie, acception disparue aussi. En revanche, depuis le XIXe siècle, il possède l'acception technique de « polir, user (une pièce) par frottement pour qu'elle s'adapte à une autre » ; et, surtout, dans la langue courante, *roder* en est venu à signifier « mettre progressivement au point (quelque chose) par la pratique ».

Le second homonyme, le verbe ***rôder***, fut emprunté au XVe siècle à l'ancien provençal *rodar* (« tourner, aller en rond, vagabonder »), issu lui-même du latin *rotare* (« faire tourner »). Verbe intransitif jusqu'au XVIIIe siècle (*roder une région,* « la parcourir en errant »), il s'écrivit d'abord *rodder*, puis *roder*, forme concurrencée au XVIe par la graphie *rauder*. À la même époque apparurent des occurrences avec accent circonflexe (***rôder***), forme qui ne s'imposa pourtant au dictionnaire de l'Académie que dans sa quatrième édition, en 1762 : auparavant, seule la graphie *roder* avait été retenue. En l'occurrence, l'accent circonflexe n'était donc pas étymologique (pas de *s* muet disparu !), mais analogique : il permit, comme dans bien d'autres mots (*pâle, extrême, drôle, pôle, alcôve…*), de noter le *o* long (puis fermé).

Oui, ouï

Parce qu'il n'y pas que les accents dans la vie (orthographique), le tréma est là pour nous rappeler qu'il a aussi un rôle à jouer !

L'adverbe d'affirmation ***oui*** est attesté en ancien français au XIe siècle sous une forme que l'on connaît bien : *oil* (prononcé *oïl*), qui a servi à nommer les dialectes médiévaux de la moitié nord de la France (ceux où l'on disait « oïl »), par opposition aux langues d'*oc*, dans la moitié sud. Le mot *oil* est composé de l'ancien français *o* (« cela »), du latin *hoc,* de même sens (qui a donné *oc*), renforcé par le pronom personnel de la 3e personne *il* (qui l'emporta sur les autres personnes : *o ie, o tu, o nos, o vos*). Il aboutit à *ouil* et ***oui*** au XIVe siècle, mais, aux XVIe et XVIIe siècles, on remplaça le *i* par un *y* (*ouy*), qui permettait à la fois une meilleure lisibilité du mot et indiquait que celui-ci se prononçait en deux syllabes (*ou-y*) ; cette même prononciation disjointe engendra aussi une graphie avec tréma : *oüy*, notamment dans les deux premières éditions du dictionnaire de l'Académie ; tréma qu'elle retira en 1740 (***oui***)… pour le rajouter en 1762, mais cette fois sur le *i* (*ouï*) ! Que de volte-face et d'inconséquence, raillera-t-on ! Peut-être… Néanmoins, il faut bien comprendre que ces hésitations n'étaient que le reflet d'une prononciation elle-même fluctuante : tantôt monosyllabique (*wi*), tantôt dissyllabique (*ou-hi*). Ajoutons à cela une « fausse » étymologie qui circulait à l'époque, selon laquelle *oui* dérivait du verbe *ouïr*… Si bien que ce ne fut qu'en 1798 que l'Académie fixa l'orthographe actuelle de ce mot pourtant si simple et si courant !

Parlons-en, justement, de ***ouïr*** (« entendre, écouter ») ! Issu du latin *audire* (même sens), ce verbe aujourd'hui archaïque apparut autour de l'an 1000 sous la forme *audir*, puis *oir* (XIe siècle), et enfin ***ouïr***. Quant à son participe passé, ***ouï****(e)*, il est attesté dès la *Chanson de Roland* (XIe siècle) sous la forme *oit*. Comme pour son homonyme *oui*, la forme ***ouï*** connut bien des aléas orthographiques, dus aux hésitations quant à sa prononciation : avec ou sens hiatus ? Ainsi, on rencontre à la Renaissance les graphies *ouy, oüy* et *oüi*, le tréma et le *y* servant à noter la prononciation en deux syllabes, notamment dans la première édition du dictionnaire de l'Académie (1694), laquelle ne semblait pas encore s'être fait une religion en matière d'orthographe : on trouve à l'article concerné *ouy, ouye* en entrée et *oüy, oüye* dans les exemples, mais aussi *oüi* (dans l'article *entendre*) ! C'est dire combien, à l'époque, les graphies notant l'hiatus étaient loin d'être fixées ! Ce n'est qu'à partir de 1762 que les formes actuelles ***ouï****(e)* furent exclusivement retenues.

Boîte, (il) boite

Que voilà une paire pour le moins étonnante : quoique cela ne soit plus perçu, le nom *boîte* et le verbe *boiter* ont en réalité la même étymologie !

En effet, le nom féminin ***boîte*** vient du latin populaire *buxida*, issu de *buxis, buxidis*, déformation du latin classique *pyxis, pyxidis* (« petite boîte, coffret »), lui-même emprunté au grec *πυξίς, πυξίδος, pyxis, pyxidos* (« boîte en buis »). Le mot est attesté en français dès le XIIe siècle sous la forme *boiste*. Comme souvent, à partir de la Renaissance, l'orthographe change et plusieurs graphies sont proposées : on rencontre ainsi *boette* (dont la notation *oe* correspond à la prononciation de l'époque « wè » ou « wé » de l'ancienne diphtongue *oi*), *bouette, boëte, bouëte, boëtte, boëste* et (quand même) *boiste* ! C'est cette dernière forme qu'enregistra l'Académie en 1694, avant de remplacer, comme souvent, le *s* muet par l'accent circonflexe, en 1740 (tout en précisant que « quelques-uns écrivent *boête* »). Enfin, en 1990, les rectifications proposèrent la suppression du circonflexe : une ***boite***. Orthographe qui est déjà celle de la forme *(il)* ***boite***, du verbe *boiter* (« claudiquer »). Celui-ci, qui n'apparut en français qu'au XVIe siècle avec la graphie *boister*, dérive de l'adjectif *boiteux* (*boistous* au XIIIe), qui ne prit jamais d'accent circonflexe, sans doute parce que le lien sémantique avec *boîte* (au sens anatomique de « cavité d'un organe »), dont il est tiré, n'est plus senti depuis bien longtemps.

Ô mots fun !

Il existe un troisième homophone, plus rare et technique : le nom féminin boitte (ou *boette, boëte, bouette*) est en effet emprunté, au XVIIe siècle, au breton *boued* (« nourriture ») et désigne dans le lexique halieutique un appât que l'on fixe à l'hameçon pour la pêche en mer.

Tache, tâche

Avez-vous déjà remarqué combien sens et orthographe peuvent parfois nous sembler intimement liés ? *Août* n'est-il pas le mois où il convient de mettre son chapeau ? La *brûlure* n'est-elle pas plus cuisante avec sa « marque » circonflexe ? Mais cette perception poétique et quelque peu impressionniste de l'orthographe nous induit parfois en erreur : la *cime* ne serait-elle pas plus pointue, coiffée d'un circonflexe ? la ***tache*** plus sale, incrustée de cet accent ? En tout état de cause, retenons que les deux homonymes ***tache/tâche*** (et leurs verbes dérivés *tacher/tâcher*) n'ont étymologiquement rien à voir.

Tache (« salissure ») a une origine controversée et assez incertaine : pour certains, le mot est issu du latin populaire *tacca* (« tache, signe »), lui-même emprunté au gotique *taikns* ; pour d'autres, il viendrait du latin vulgaire *tagicare*, dérivé de *tangere* (« toucher », puis « éclabousser, barbouiller »). Quoi qu'il en soit, le mot ***tache*** est attesté à partir du XIe siècle sous la forme *taje*, puis *take, teche* et enfin *tache* (XIIe). Depuis lors, le mot n'a pas varié.

Tâche (« travail ») est une adaptation du latin médiéval *tasc(h)a* (« redevance » que payait un tenancier au propriétaire pour pouvoir exploiter des terres vierges), issu du latin classique *taxare* (« toucher fortement », « évaluer, taxer »), qui a donné *taxe, taux*. Le mot fut introduit en français au XIIe siècle sous la forme *tasche* ; le *s* y était muet dès cette époque, mais fut conservé dans la graphie pour noter la durée longue du *a* (contrairement au *a* bref de *tache*), et ce jusqu'en 1740, date à laquelle l'Académie enregistra la graphie actuelle ***tâche***.

Chapitre 4

Les homographes : ni tout à fait un autre, ni tout à fait le même...

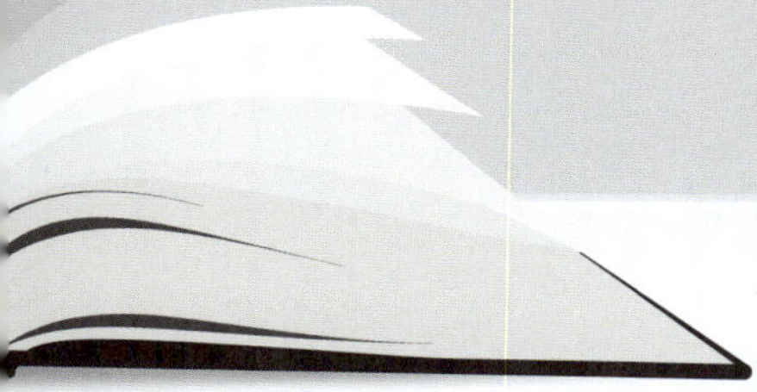

Aval

Ô merveilles de l'homographie, qui nous feraient presque prendre des vessies pour des lanternes et le côté d'une vallée pour un engagement ! Car, ne nous y trompons pas : l'*aval* (« partie inférieure d'un cours d'eau ou d'une vallée ») n'a étymologiquement rien à voir avec l'*aval* (« engagement », « caution, soutien ») ; et c'est en vain que l'on chercherait un lien sémantique entre ces deux faux frères…

L'***aval*** provient de l'agglutination de la préposition *à* et du nom *val* (ancien mot remplacé par *vallée*, issu du latin *vallis*), comme son antonyme *amont* (*à* + *mont*). Le mot est d'abord attesté comme adverbe, au XIe siècle, dans la *Chanson de Roland*, puis comme préposition (*aval le vent, aval l'eau* – que l'on connaîtra mieux plus tard sous la forme *à vau-l'eau*). Enfin, à partir du XVIe siècle, ***aval*** devient un nom commun pour désigner le côté vers lequel descend un cours d'eau ; il s'emploie aussi, dans le lexique du ski, pour désigner le côté de la vallée (*ski aval*). Chose plus étonnante, quoique l'on ait perdu le rapport sémantique entre les deux, le verbe *avaler* est bien dérivé d'***aval*** : s'il signifia jadis « descendre (un cours d'eau) », *avaler* n'a conservé de ce sens d'origine que l'idée de « faire descendre »… dans le gosier, en l'occurrence !

Le second ***aval***, qui désigne d'abord « la garantie par laquelle une personne s'engage à payer un effet de commerce en cas de défaillance du débiteur », puis, par extension, un soutien, une caution (*donner son aval*), possède une étymologie mystérieuse… Selon certains, *aval* serait emprunté à la langue arabe, via l'italien : *hawāla* (« mandat, délégation ») aurait donné *avallo* dans la langue de Dante, qui nous l'aurait ensuite prêté au XVIIe siècle. Problèmes : d'une part, le mot italien pourrait lui-même avoir été emprunté assez récemment au français (pas avant le XIXe siècle) ; d'autre part, l'apparition tardive d'***aval*** en français rend l'hypothèse d'un emprunt à l'arabe peu plausible… Alors ? Alors d'autres étymologistes proposent de voir dans *aval* une abréviation graphique de la locution *à valoir*… ce qui semble difficilement recevable du point de vue sémantique. Quant au verbe dérivé, *avaler*, il fut remplacé, en raison de sa malencontreuse homonymie, par *avaliser*.

Ô mots fun !

L'agglutination consiste à réunir en un seul mot des éléments phonétiques appartenant à des mots différents, si bien que, parfois, on ne perçoit plus l'étymologie : ainsi, saviez-vous que *lierre* vient de *l'ierre* (latin *hedera*), avec agglutination de l'article, *lurette* de *l'heurette* (« petite heure »), *nombril* de *un ombilic*, *tante* de *ta ante* (latin *amita*), *Lille* de *l'isle*… ?

Somme

Le nom féminin ***somme*** (« résultat d'une addition », « quantité d'argent », « totalité ») est emprunté au latin *summa* (« le point le plus élevé », puis « montant », « total »), lequel représente la substantivation au féminin de l'adjectif *summus* (« le plus haut »), repris tel quel par le français à la forme neutre *summum* et qui a aussi donné, entre autres, *sommet* ou *sommité*. Le mot apparut dans notre langue au début du XIIe siècle sous la forme *sume*, puis *some* ; au XIIIe siècle, le mot fit l'objet d'une réfection d'après le latin et se vit ainsi ajouter son second *m*. C'est aussi le latin qui nous fournit dès le XIIe siècle la locution *en somme* (calque de *in summa*, « au total »).

Le second nom féminin ***somme*** ne s'emploie guère que dans la locution *bête de* ***somme*** (« animal utilisé pour porter des fardeaux »). Le mot est issu du latin médiéval *sauma* (« bât »), variante de *sagma,* lui-même emprunté au grec *σάγμα, sagma* (« charge, attirail, selle ») ; il est attesté en français dès le XIIe siècle avec la graphie *some*, puis *sume*, qui fut refaite en *somme* dès la fin du XIIe.

Le dernier ***somme*** est le nom masculin désignant une « action de dormir considérée dans sa durée, généralement courte ». Le mot vient du latin *somnus* (« sommeil ») et se rencontre sous la forme *sumnes* dès le début du XIIe siècle ; il devint ensuite *som* par évolution phonétique « naturelle », avant d'être refait en ***somme*** (fin XIIe), sur le modèle de *sommeil* (issu du bas latin *somniculus,* « sommeil léger », diminutif de *somnus*).

Avocat

On a pu plaisanter naguère à propos de l'équivoque engendrée par une phrase telle que « je préfère les avocats bien mûrs »... Et certes, nos deux avocats n'ont pas grand-chose à voir, si ce n'est leur parfaite gémellité phonétique !

Le nom ***avocat*** (« défenseur ») est emprunté au latin *aduocatus* (« celui qui a été appelé à assister quelqu'un en justice »), dérivé du verbe *uocare* (« appeler », puis « citer en justice »), et constitue le doublet savant d'*avoué*, évolution phonétique « naturelle » de *aduocatum*. Le mot *auocat* apparut en français au XIIe siècle, mais on rencontre, dès le XIIIe, la forme « latinisée » *aduocat* qui lui fait concurrence, ainsi qu'une forme féminine, *auocace* (désignant celle qui plaide en faveur de quelqu'un). La graphie savante *aduocat,* puis *advocat*, en parallèle d'***avocat***, sera fréquente jusqu'au XVIIIe siècle, bien que le *d* ne s'y prononce pas, et ce n'est qu'en 1762 que l'Académie lui préféra la graphie simplifiée ***avocat***.

Quant à l'***avocat*** (fruit exotique), il est l'un des innombrables mots que les grands explorateurs ont rapportés de leurs expéditions en Amérique du Sud : le mot est attesté en français en 1684 sous la forme *avocate*, puis ***avocat*** à partir du XVIIIe siècle ; il est emprunté à l'espagnol *avocado, abogado*, déformation (par étymologie populaire) de *aguacate* par croisement avec *abogado* (« avocat »... le métier !) ; l'espagnol *aguacate* étant lui-même un emprunt au nahuatl (la langue des Aztèques) *auacatl* (« fruit de l'avocatier »).

Forfait

Même sans être féru d'étymologie, le locuteur un tant soit peu averti sent confusément que son ***forfait*** d'abonnement téléphonique ne doit entretenir qu'un lointain rapport avec le crime odieux que représente un *forfait* – sans quoi il n'aurait plus qu'à déclarer… ***forfait***.

Le ***forfait*** le plus ancien est aussi le plus horrible : il désigne une faute grave, extraordinaire et atroce ; ce ***forfait***-là est attesté en français dès le Xe siècle sous la forme *forsfait*, participe passé substantivé de *forfaire* (« commettre une faute grave »). Ce verbe aujourd'hui désuet et très défectif* s'écrivait *forsfaire* (Xe siècle), car il est formé sur le verbe *faire* au moyen du préfixe *fors-* (« en dehors ») ; celui-ci fut d'abord une préposition, *fors* (« hors de, hormis »), issue du latin *foris* (« à l'extérieur »)[1]. Le ***forfait*** est donc, littéralement, « ce que l'on fait en dehors (du devoir) ».

C'est ce même ***forfait*** qui fut emprunté à la fin du XIVe siècle par les Anglais sous la forme *forfeit* : dans le domaine hippologique, ce nom s'applique à une indemnité que doit payer le propriétaire d'un cheval s'il ne participe pas à la compétition prévue. Au XIXe siècle, *forfeit* a retraversé la manche sous sa forme d'origine et, depuis, s'est employé en français dans tous les domaines sportifs et même, par extension, dans la langue courante, notamment dans la locution *déclarer* ***forfait***.

Le troisième ***forfait*** est sans nul doute le plus usuel de nos jours : il désigne une « convention par laquelle est stipulé par avance et de manière invariable le prix d'une prestation ou d'un service ». En bref, c'est votre fameux ***forfait*** internet… ou votre rémunération au ***forfait*** ! Le mot est attesté d'abord à la fin du XVIe siècle sous la forme *fayfort*, refaite quelques années plus tard en *fort-fait*, écrit ensuite ***forfait***. Ce nom est composé de *fait* (du verbe *faire*) et de *fort*, altération (par analogie avec notre premier *forfait,* « crime ») d'un mot archaïque d'ancien français (XIe siècle) qui n'a plus été compris : *fuer, fur* (« taux, prix »), issu du latin *forum*… mais que l'on connaît très bien encore aujourd'hui, car il a survécu dans une locution courante (contenant, au regard de l'étymologie, un pléonasme) : *au fur et à mesure* !

Ô mots fun !

Le rapprochement inconscient d'un mot qui n'était plus compris avec un autre qui lui ressemble (et son altération subséquente) est un phénomène linguistique fréquent : ainsi le préfixe *fors* (« dehors ») a fourni plusieurs mots dans lesquels il n'est plus perceptible, par exemple dans *faubourg* (de *fors bourg,* « en dehors du bourg »), *faux-fuyant* (de *forfuyant*, terme de vénerie) ou encore *fourbu* (participe passé de *forboire,* « boire à l'excès »).

[1] *Voir « fort, for, fors », p.66-67*

Débit

Il peut être terriblement tentant d'associer sémantiquement le ***débit*** (de bois, de marchandises, d'un fleuve, d'une parole…) avec celui lié à nos soucis pécuniaires… Après tout, lorsqu'il y a un fort ***débit***, n'y a-t-il pas aussi beaucoup de mouvements (à la négative !) sur notre compte en banque ? Pourtant, rien de plus faux étymologiquement !

Le premier ***débit*** apparut en français au XVIe siècle avec le sens de « vente au détail », puis, au figuré, avec celui de « action d'exposer, de raconter quelque chose » ; d'autres acceptions, procédant peu ou prou de celles-ci, s'y ajouteront par la suite : « établissement où l'on vend au détail certaines marchandises », « manière plus ou moins rapide de parler » ou encore « quantité de fluide fournie en un temps donné ». ***Débit*** est le déverbal* de *débiter* (XIVe siècle), dont l'étymologie est assez surprenante : ce verbe est dérivé, à l'aide du préfixe *dé-*, du nom *bitte* (« billot de bois fixé sur le pont des navires et sur lequel on enroule les câbles »), emprunté à l'ancien scandinave *biti* (« poutre transversale dans le toit d'une maison ») ; *débiter*, c'est à l'origine « découper des billots de bois ».

Le second ***débit*** est encore plus récent : il n'est pas attesté avant 1675 et désigne, dans le lexique de la comptabilité, la partie d'un compte où sont inscrites les sommes dues. Le mot est un emprunt au latin classique *debitum* (« dette »), participe passé neutre du verbe *debere* (« devoir »), la forme féminine *debita* ayant abouti à *dette* dès le XIIe siècle. Quant au verbe dérivé *débiter* (« rendre débiteur d'une somme »), généralement associé à une vente, il est souvent perçu comme appartenant à la famille de notre premier ***débit***.

Frais

Nul besoin de s'échauffer pour comprendre que le mot ***frais***, *fraîche* n'a aucun rapport étymologique ni sémantique avec les ***frais*** (nom qui n'existe qu'au pluriel, ce qui explique qu'il faille écrire « sans aucuns frais »).

L'adjectif ***frais*** est hérité du francique* *frisk* (« récent, inaltéré ») et fut introduit en français à la fin du XIe siècle sous la forme féminine *fresche* ; au masculin, sont attestées au XIIe les graphies *freis, frois, fres*. La forme ***frais***, que l'on rencontre dès le XIIIe siècle, s'est imposée définitivement à la fin du XVIIe siècle : le passage de *e* à *ai* y est sans doute dû à une fallacieuse analogie avec les ***frais*** (« dépenses »), où le groupe *ai* est phonétiquement logique.

Ce nom masculin pluriel a, du reste, une étymologie assez étonnante, puisqu'il appartient à la famille de *fracture* : le verbe latin *frangere* (« briser, rompre »), que l'on n'a gardé tel quel que dans l'adjectif littéraire *infrangible*, avait pour participe passé *fractus*, lequel fut substantivé en latin populaire en *fractum*. En ancien français, ce mot avait abouti au XIIIe siècle à *fret, frait*, qui signifiait littéralement « dommage que l'on cause en brisant quelque chose », d'où « dépense destinée à réparer ce bris », via la locution *paier le fret* (aujourd'hui, on dirait volontiers « payer les pots cassés ! »). Le pluriel de ce nom s'écrivait déjà ***frais***, seule forme qui subsiste aujourd'hui.

Ô mots fun !

Pourquoi dit-on ***frais***, mais *fraîche* (ou *fraiche*, selon les rectifications de 1990) ? La raison en est étymologique : au féminin, le son « ch » vient du son « k » devant « a » dans *friska*, alors qu'au masculin, le son « k » devenu final (*frisk*) s'est effacé.

Grêle

Ne déclenchons pas de querelles intestines qui entraîneraient une grêle d'injures et disons-le de but en blanc : la ***grêle*** (« pluie congelée ») et l'adjectif ***grêle*** (« filiforme ») ne sont nullement liés par l'étymologie.

Le nom féminin ***grêle*** est le déverbal* du verbe *grêler*, issu du francique* *grisilôn* (« grêler »), qui a aussi donné *grésiller*. *Gresler* est attesté en français au XIIe siècle sous la forme *gresler* et *grêle* est apparu même avant, à la fin du XIe, avec la même graphie que le verbe : *gresle*. Au XVIe siècle, cette graphie entra en concurrence avec *grelle*, dans laquelle le double *l* sert à noter le *e* ouvert, mais l'Académie ne retint, en 1694, que la forme « étymologique » *gresle*, qui fut délestée de son *s* muet en 1740 : ***grêle***.

L'adjectif ***grêle*** est présent dès la *Chanson de Roland*, écrit *graisle*. Il est issu par évolution phonétique du latin *gracilis* (« mince, chétif »), sur lequel fut forgé le doublet étymologique savant *gracile* au XVIe siècle. D'autres graphies se firent jour aux siècles suivants : *graile, grelle, graille*, puis *gresle*. À la Renaissance, certains lexicographes préconisèrent *graile*, par cohérence étymologique avec les mots de la famille (*gracile, gracilité*), ainsi que, vraisemblablement, par souci de distinction homonymique. Parmi ce foisonnement orthographique, l'Académie choisit étonnamment la forme *gresle*... créant ainsi une parfaite homographie avec l'autre *gresle*. Homographie qui demeura lorsque fut introduit l'accent circonflexe en 1740.

Mousse

Le nom féminin ***mousse*** (« plante cryptogame ») fut introduit en français dès le XIe siècle sous la forme *molse*, puis *mosse,* et enfin *mousse* à partir du XIIIe. Le mot est issu d'un croisement entre l'étymon* francique* *mosa* (« mousse [plante] ») et le latin *mulsa* (« hydromel », mot dérivé de *mel*, « miel »). À la Renaissance, on rencontre aussi la graphie *mousce*, créée par rapprochement avec le latin *muschio*, hérité du latin *muscus* (« mousse », « musc »). À partir du XVIIe siècle, ***mousse*** s'employa métaphoriquement pour désigner un « amas de bulles », une « écume » ; l'éloignement sémantique avec le sens premier devint tel que l'on pourrait considérer cette seconde ***mousse*** comme un mot à part entière.

Le nom masculin ***mousse*** (« apprenti matelot ») fut emprunté au XVIe siècle, via l'occitan, au catalan *mosso* (« jeune homme ») ou à l'espagnol *mozo* (« jeune garçon », puis « serviteur » et « apprenti marin »), ces mots remontant au latin populaire *muttiu* (« émoussé »), en raison de la coutume consistant à tondre la tête des garçonnets et des jeunes gens. D'abord écrit *mosse*, puis *mousse*, le mot apparut d'abord au féminin pour désigner une jeune fille, puis un apprenti marin. L'Académie l'écrivit provisoirement *mouce* entre 1694 et 1740 à des fins de distinction homonymique, mais la forme homographe ***mousse*** finit par l'emporter au XVIIIe siècle.

Le latin vulgaire *muttiu* évoqué ci-dessus aurait aussi fourni un troisième homographe, obsolète ou technique : l'adjectif ***mousse*** (« qui n'est pas tranchant »), dont le verbe *émousser* est dérivé.

Livre

La ***livre*** était jadis une unité de poids qui variait, selon les provinces, de 380 à 552 grammes ; depuis la Révolution, elle équivaut en France à un demi-kilogramme. Le mot a aussi désigné des monnaies de compte correspondant à l'origine à la valeur d'une livre d'argent : au Moyen Âge, il existait ainsi la *livre parisis* (frappée à Paris) et la *livre tournois* (frappée à Tours). Cette acception a été conservée pour désigner encore aujourd'hui diverses monnaies, telle la *livre sterling* au Royaume-Uni, transposition de l'anglais *pound of sterling*. Le mot est issu du latin *libra* (« livre romaine », puis « balance »), d'où le symbole *lb* de l'unité de mesure de masse anglo-saxonne (valant 0,453 kg), ainsi que le nom *équilibre* (littéralement « balance égale »). Le mot apparut en français dès la fin du Xe siècle sous la forme *livra*, qui aboutit à ***livre***.

Le ***livre*** vient, quant à lui, du latin *liber*, nom qui désignait à l'origine la partie vivante de l'écorce, sur laquelle on écrivait jadis avant la découverte du papyrus ; par métonymie, *liber* s'appliqua ensuite à l'ouvrage lui-même, voire à la division d'un ouvrage. Du reste, le latinisme *liber* est resté dans le lexique botanique, où il est défini comme le « tissu végétal constitué de vaisseaux (tubes criblés) généralement accompagné de parenchyme et par lequel circule la sève élaborée ». Ouf ! Le terme ***livre*** se trouve sous cette forme dès la *Chanson de Roland* (fin XIe siècle) et n'a pas varié depuis, malgré son homographie avec la ***livre***.

Livre peut être aussi la 3e personne du singulier du présent de l'indicatif du verbe *livrer*, issu du latin *liberare* (« rendre libre, affranchir », puis, en latin populaire, « laisser partir, remettre, fournir »), qui a aussi fourni *libérer,* par emprunt savant, au XVe siècle. Le mot *livrer* est attesté en français à partir de la fin du Xe siècle avec son acception latine, endossée depuis par son dérivé *délivrer*. Le sens actuel de « mettre entre les mains la marchandise qu'il a commandée » apparut au XIIIe siècle.

Ô mots fun !

Le mot grec servant à désigner le livre était *βιβλίον, biblion*, signifiant d'abord « papier à écrire », puis « livre » ; il a fourni tous nos composés en *biblio-* : *bibliographie, bibliophile, bibliothèque, bibliolâtre*... Ce nom était dérivé de *βίβλος, biblos* (qui a donné la *Bible*), qui désignait originellement... l'écorce intérieure du papyrus !

Mode

Voilà un duo assez inattendu : le ***mode*** et la ***mode*** remontent à un seul et même étymon*. Doit-on dès lors parler d'homographes ou d'un mot polysémique possédant les deux genres ? Difficile à dire… Toutefois, l'éloignement sémantique est tel qu'il semble légitime de les considérer comme des homonymes : c'est d'ailleurs ce que font les dictionnaires, qui les présentent sous deux entrées distinctes.

À l'origine, le nom latin masculin *modus* signifiait « mesure », « juste mesure », sens à partir duquel *modus* devint synonyme de « manière de se conduire » et, plus généralement, « manière, façon ». Le mot ***mode*** fut introduit en français, au genre féminin, à la fin du XIVe siècle, au sens de « manière collective de vivre, de penser propre à un pays, une époque », signification disparue aujourd'hui, hormis dans les tournures comme *à la* ***mode*** *de* (*Bretagne, Caen…*). À la fin du XVe siècle apparut un sens que nous connaissons bien, « manière de s'habiller », puis « goûts collectifs passagers en matière d'habillement », notamment dans la locution *à la* ***mode***.

Mais au XVIe siècle, l'acception technique du latin *modus*, s'appliquant dans le domaine grammatical (notamment chez Quintilien, rhéteur latin de la fin du Ier siècle de notre ère) à la voix (active, passive) et au mode (verbal), inspira d'abord les musiciens, puis les grammairiens : ils reprirent le nom ***mode***, d'abord au féminin (« l'imperative mode »), puis au masculin, éliminant au passage les formes phonétiques de moyen et ancien français *meuf* et *moeuf*. À partir du XVIIIe siècle, les valeurs de ***mode*** s'élargirent au point de désigner toute forme particulière sous laquelle se présente un fait ou un phénomène, par exemple dans les locutions ***mode*** *d'emploi* et ***mode*** *de vie*.

Page

La ***page*** de nos livres se rencontre en français au Moyen Âge pour désigner « chacun des deux côtés d'une feuille de papier ». Jusque-là, rien que de très banal… Toutefois, son étymologie l'est un peu moins : le mot latin *pagina* était à l'origine un terme d'agriculture désignant une treille ; par la suite, il s'appliqua au sens figuré à la partie interne du papyrus découpée en feuillets, avec une seule colonne d'écriture par feuillet ; puis, par métonymie, au feuillet lui-même et à la page. C'est cette acception que le français a reprise dès le XIIe siècle, sous les formes *pagene*, *pagine* et ***page***.

Le nom masculin ***page***, qui désigne un jeune noble attaché au service d'un roi ou d'un seigneur, apparut en français au XIIIe siècle avec le sens de « jeune valet ». Son étymologie n'est pas assurée : un emprunt à l'italien *paggio* (issu du grec *παιδίον, paidion*) semble chronologiquement impossible ; un étymon* latin tardif, *pagicus* (« paysan »), dérivé de *pagus* (« bourg, village ») se heurte à des difficultés sémantiques et phonétiques ; quant à l'hypothèse d'une évolution du latin *pathicus* (« homosexuel passif »), lui-même pris au grec *παθικός, pathikos*, elle est historiquement peu plausible. Bref : on n'en sait rien…

Notre troisième ***page***, nom masculin, ressortit à la langue verte : il s'agit de l'apocope*, attestée en 1916 sous la forme *paj,* puis *page* (1921), du nom *pageot,* ou *pajot*, qui désigne le lit en argot. *Pageot* est issu soit de *paillot* (ancien mot désignant une petite paillasse), soit de *pagnot* (« panier à provisions », puis « lit »)… soit d'un croisement de ces deux étymologies !

Louer

Même si l'on peut à bon droit se ***louer*** d'avoir réussi à trouver un logement à ***louer***, ce n'est pas pour autant que ces deux homographes ont un lien étymologique.

Louer (« faire l'éloge de ») est apparu au Xe siècle sous la forme *lauder,* puis *loer*, et enfin *louer* au XIVe. Le mot remonte au verbe *laudare* (« approuver, vanter, prôner »), lui-même dérivé du nom *laus, laudis* (« louange, éloge »), dont le français a aussi tiré *laudatif* (« élogieux »), *laudateur* (« personne qui fait l'éloge de quelqu'un ou quelque chose »), ainsi que *les laudes* (dans la liturgie catholique, partie de l'office suivant matines et constituée de psaumes et cantiques à la louange de Dieu). À partir de la Renaissance, on rencontre la graphie *loüer* avec tréma servant à noter la prononciation en deux syllabes (comme dans les dérivés *loüable, loüeur, loüange…* mais pas *louanger, louangeur* !), notamment dans le dictionnaire de l'Académie, de 1694 jusqu'à 1740, date à partir de laquelle l'orthographe actuelle fut de nouveau la seule en vigueur.

Louer (« mettre/prendre en location ») est attesté en français à la fin du XIe siècle dans la *Chanson de Roland*, sous la forme *luer,* avec le sens de « donner un salaire à quelqu'un que l'on engage pour une durée déterminée, prendre à gages » ; un siècle plus tard, on rencontre l'acception quasi contraire « obtenir l'usage (d'un bien) contre paiement », ces deux sens s'étant maintenus jusqu'en français contemporain. Le verbe ***louer*** est issu, par voie phonétique, du latin *locare*

(« placer, établir », puis « donner à loyer, à ferme »), dérivé du nom *locus* (« lieu, place »). Comme pour son homographe, la prononciation dissyllabique (avec hiatus) entraîna au XVIIe et au XVIIIe siècle une graphie avec tréma (*loüer, loüage, loüeur*), lequel fut supprimé en 1740.

Ô mots fun !

Le verbe *louer* (une maison) est ce que l'on appelle un énantiosème : il signifie à la fois un sens… et son contraire. Ainsi, *louer* peut aussi bien vouloir dire « mettre en location » que « prendre en location ». Il partage cette particularité pour le moins embarrassante avec quelques autres mots, parmi lesquels *amateur* (« connaisseur » / « dilettante »), *apprendre* (« enseigner » / « recevoir un enseignement »), *dispenser* (« distribuer, donner » / « exempter, exonérer »), *hôte* (« personne qui reçoit » / « personne qui est reçue »… mais pas au féminin : *une hôte – une hôtesse* !), *remercier* (« être reconnaissant » / « licencier, congédier »), *sanctionner* (« consacrer, entériner » / « punir ») et même, dans la langue familière contemporaine, *mortel* (« périssable, létal » et « sinistre » / « très bon, super »)…

Pompe

Un coup de pompe ? Une pompe à vélo ? Les pompes funèbres ? S'acheter de nouvelles pompes ? Comment s'y retrouver dans cet imbroglio de sens si différents ?

La première ***pompe*** désigne un cortège solennel (comme dans les *pompes funèbres*), puis, par extension, le déploiement de faste (notamment dans la locution *en grande pompe*), ainsi que l'emphase ou la grandiloquence (d'où l'adjectif *pompeux*). Le mot fut introduit en français au XIIe siècle avec le sens de « cérémonial fastueux » à partir du latin *pompa* (« procession », « apparat »), lui-même emprunté au grec *πομπή, pompè* (« procession religieuse, pompe solennelle »).

La deuxième ***pompe*** (« appareil permettant d'aspirer ou de refouler un fluide ou un liquide ») est attestée en français depuis le XVe siècle ; c'est un emprunt probable au moyen néerlandais *pompe*, lui-même sans doute d'origine onomatopéique (le radical *p-p* imitant un bruit de succion dans de nombreuses langues). Outre son sens habituel, ***pompe*** a connu des emplois florissants dans la langue familière ou argotique : ainsi, on parle de *faire des **pompes*** pour désigner le mouvement de culture physique consistant à relever le corps allongé à plat ventre en poussant sur les bras. N'oublions pas non plus que, dans la langue verte, les ***pompes*** désignent des chaussures (*être à côté de ses **pompes***, *courir à toutes **pompes***), que le *coup de **pompe*** est synonyme de « fatigue soudaine » et que, dans l'argot militaire, un (soldat de) 2e ***pompe*** est un soldat de 2e classe. On notera aussi que c'est cette ***pompe***-là qui a donné le dérivé *pompier* (à l'origine, « fabricant de pompes », puis « homme appartenant à un corps organisé pour porter secours en cas d'incendie », *pompier* ayant remplacé *garde-pompes* dans ce sens).

Kaki

Un peu d'exotisme et de voyage dans des contrées lointaines, grâce à nos ***kaki***, tous deux importés récemment en français… Car il n'aura pas échappé à votre sagacité chromatique que le fruit nommé ***kaki*** et la couleur ***kaki*** n'ont rien à voir : le premier est jaune orangé, la seconde est brun jaunâtre…

Le ***kaki*** (« plaqueminier du Japon », « fruit de cet arbre ») fut emprunté à la langue japonaise dès l'*Encyclopédie*, en 1765, transposé sous la forme *ssibu-kaki* ; par la suite, le mot fut adapté en français au début du XIXᵉ siècle en *caque, kake*, formes qui furent évincées par le latin scientifique ***kaki***. Le mot se répandit rapidement, à la fin du XIXᵉ, grâce à la vogue du japonisme, qui s'imposa en France. On reste en Asie, mais on change de pays (et de culture !) avec l'adjectif et nom ***kaki*** (« jaunâtre brun ») : mot récent, il n'est introduit en français qu'à la fin du XIXᵉ siècle, sous la forme *khaki,* désignant un « tissu employé pour la confection des vêtements indiens », puis une couleur « brun jaunâtre » ; début XXᵉ, l'orthographe est simplifiée en ***kaki***. Quant à son étymologie, le mot fut emprunté, par l'intermédiaire de l'anglais *khakee, khaki* (« de couleur brun jaunâtre »), à l'hindoustani *khākī* (« couleur de poussière »), lui-même pris au persan *khākī*, dérivé de *khāk* (« poussière »).

Ô mots fun !

Qu'en est-il de la langue contemporaine ? Produit-elle encore des homographes ? Bien sûr : *go* (dans *tout de go*, issu de *gober*), le jeu de *go* (jeu japonais), *go !* (interjection anglaise) et le récent *la go* (« jeune femme », mot d'une langue d'Afrique de l'Ouest). Certains sont allophones* : le *mail* (« promenade ») et le *mail* (*e-mail*) ; la *chatte* et *il chatte sur internet* (ou *tchatte*) ; l'adjectif *prompt* et *le prompt* (requête adressée à une IA)…

Souci

Qu'il serait tentant – et un brin poétique – d'associer le nom de la fleur du *souci* avec le *souci* qui obombre notre esprit et d'y voir un lien symbolique… Mais l'étymologie, fille de Rigueur et de Sérieux, n'a souvent que faire de la poésie, las ! Laissons donc aux poètes les blandices des « étymojolies » et de leurs charmants hasards…

Souci (« soin », « inquiétude ») est le déverbal* de *soucier*, descendant par la voie phonétique du latin *sollicitare* (« remuer fortement, ébranler », puis « troubler, inquiéter »), qui donna aussi, au XIVe siècle, le doublet étymologique savant *solliciter*. *Soucier* apparut au début du XIIIe siècle sous la forme *sousier*, puis *soussier*, et le nom ***souci*** est attesté autour de 1220 avec la graphie *soussi* ; celle-ci évolua ensuite en *soucy* (XIVe siècle), puis *soulci* au XVIe, avec rétablissement du *l* étymologique, qui fut supprimé dès la première édition du dictionnaire de l'Académie, en 1694 : ***souci***.

Le nom de la fleur, quant à lui, présente une tout autre origine : ***souci*** est issu du bas latin *solsequia* (« tournesol »), formé sur *sol* (« soleil ») et la racine *sequ-* (« suivre ») – du reste, souci et tournesol appartiennent tous deux à la même famille, celle des astéracées. Il fut introduit en français au XIIIe siècle, tout d'abord au féminin sous les formes *sussie, soussie*, puis *solsie, sousicle, soulsie,* puis se vit altéré, par croisement avec l'autre ***souci***, en nom masculin, au XVIe, avec diverses graphies : *soulci, soulsi, soucy*, et enfin ***souci***, autour de 1600. L'Académie n'enregistra que la forme ***souci*** dès 1694, renonçant par là même à distinguer les deux homonymes…

Police

Mais que fait la ***police*** ? Manquerait-elle d'assurance ? Quoi qu'il en soit, ne confondons pas l'agent de police avec celui des assurances (quoique les deux puissent également nous coûter cher !). Le terme ***police*** (« maintien de l'ordre public »), mot international s'il en est, nous est hérité du grec *πολιτεία, politeia* (« citoyenneté », « ensemble des citoyens », puis « régime politique » et « constitution démocratique »), lui-même dérivé de *πόλις, polis* (« cité »), et fut emprunté par le latin (*politia*), qui aboutit, au XIIIe siècle, à *pollice* avec le sens de « réglementation ». La forme ***police*** (« bonne administration ») se rencontre à partir du XIVe siècle, en concurrence avec *politie* (que l'on trouve jusque chez Rousseau, au XVIIIe). Le sens actuel le plus courant (« institutions chargées du maintien de l'ordre public ») est apparu au XVIIe siècle. La ***police*** (« contrat d'assurance », mais aussi « police de caractères ») nous vient encore du grec, mais a connu une évolution phonétique surprenante. En effet, ***police*** est le résultat de ce que l'on appelle une déglutination, c'est-à-dire la coupure non étymologique d'un mot (due en général à une confusion de la voyelle initiale avec l'article précédent). En clair : le mot grec *ἀπόδειξις, apodeixis* (« quittance », en grec byzantin) avait donné en italien *la polizza* (où le *a* initial du grec fut confondu avec celui de l'article *la*), lequel fut emprunté par le français au XIVe siècle sous sa forme actuelle.

Ô mots fun !

Quelques exemples de déglutination : *la boutique* (de l'ancien provençal *la botica*, du grec *ἀποθήκη, apothèkè*, « lieu de dépôt ») ; *la griotte* (de *l'agriotte*, formé sur *agre,* « aigre ») ; *ma mie* (de l'ancien français *m'amie*) ; *la licorne* (emprunt à l'italien *l'alicorno*, altération de *unicorno*).

Poêle

Voilà un étrange attelage de trois homographes – ne serait-ce que par cette orthographe saugrenue qui ne correspond guère à la prononciation « poil » !

Notre premier ***poêle*** est un nom masculin obsolète désignant un drap mortuaire recouvrant le cercueil pendant les funérailles, et dont les cordons étaient tenus par des assistants pendant le cortège (d'où l'expression *tenir les cordons du poêle* pour désigner ceux qui marchent à côté du cercueil) ; le terme s'appliqua aussi, dans un contexte moins lugubre, au voile blanc que l'on tendait au-dessus de la tête des mariés. ***Poêle*** est issu du latin *pallium* (« manteau grec », puis « toge » et enfin « couverture de lit », « tenture »), lequel a aussi donné le verbe *pallier* (littéralement, « cacher sous une couverture »). Le mot apparut d'abord au Xe siècle sous la forme plurielle *polis* (« riche étoffe de soie »), puis *palie* (XIe), *paile* (XIIe), *poile* et *poelle* (XIIIe), et enfin *poele* au XIVe. L'Académie l'écrivit *poesle* et *poisle* au début du XVIIIe siècle, avant d'entériner l'étrange graphie ***poêle*** en 1740… créant ainsi une parfaite homographie avec la ***poêle*** – chose qui pourra paraître surprenante, tant les immortels semblent s'être fait un devoir, à l'époque, de distinguer, autant que faire se put, par la graphie le plus d'homophones possible…

Parlons-en, de la ***poêle*** (à frire) ! Ce nom féminin descend du latin *patella* (« plat, assiette ») et avait donné au XIIe siècle *paele, paelle, paielle*, qui désignait un ustensile servant à frire (on reconnaît là la parenté avec l'espagnol *paella*). On rencontre aux siècles suivants moult formes, témoins de certaines incertitudes phonétiques et graphiques : *poile* (XIVe), *poasle, poale, poalle, poeille, poele, poisle* (XVe) ! L'Académie enregistra dans les deux premières éditions de son dictionnaire la graphie *poële*, dans laquelle le tréma servit à noter la prononciation avec hiatus (« po-èl », comme encore de nos jours, dans certaines régions) ; mais en 1740, le tréma fut bizarrement remplacé par l'accent circonflexe (afin, sans doute, de noter une durée longue de la voyelle… qui n'avait pas été notée auparavant !) : ***poêle***.

Le troisième homographe, qui désigne l'appareil de chauffage en terre, faïence ou métal, fut emprunté au XIVe siècle au latin *pe(n)silem* (« suspendu » – chez les Romains, la locution *balneae pensiles* désignait des bains construits sur des voûtes chauffées par en dessous). Le mot apparut d'abord sous la forme *poile* avec le sens métonymique de « chambre chauffée par un poêle », puis, comme ses deux homographes, connut quelques aléas graphiques : *poale* (XVIe), *poële, poesle* (début XVIIIe), *poële, poile*, puis ***poêle***, *poile* (XVIIIe) : cette dernière orthographe ne fut d'ailleurs éliminée par l'Académie qu'en 1935 !

Moule

Le nom masculin *moule* (« objet creux ») fut emprunté à la fin du XIe siècle au latin *modulus* (« petite mesure »), diminutif de *modus*[1], qui donna aussi le doublet savant *module* au XVIe siècle. Le mot apparut sous la forme *modle* avec le sens de « modèle » (*modèle*, emprunté à l'italien au XVIe, évincera du reste *moule*), puis, au XIIe, *molle*, désignant un « corps creusé dans lequel on verse une substance liquide qui se solidifie en gardant la forme prise dans la cavité » ; il aboutit à ***moule*** en moyen français. Le nom féminin ***moule*** (« mollusque ») vient du latin *musculus*, nom masculin qui désignait au départ une petite souris (*mus, muris*), puis, par analogie de forme, aussi bien la ***moule*** que le *muscle* (le mot grec *μῦς, μυός*, *mus, muos* a, du reste, connu la même évolution sémantique : il a fourni la racine signifiant « muscle » pour former de nombreux composés savants : *myalgie, myocarde, myopathique*…). Le nom de notre bivalve est attesté à partir du XIIIe siècle avec la graphie *moulles*, puis, à la Renaissance, sous les formes (plurielles) *moules, moucles*. Issu d'un nom latin masculin, *moule* a pu hésiter quant à son genre (notamment dans le dictionnaire de l'Académie, en 1694). Quant à sa graphie, on pourra s'étonner à bon droit que la disparition du *s* de *musculus* n'ait pas entraîné l'apparition d'un accent circonflexe, qui eût permis de distinguer *la moule* d'avec *le moule* ! Les voies de l'orthographe sont parfois bien mystérieuses…

Ô mots fun !

Il existe un troisième homophone : les formes du subjonctif présent du verbe *moudre* que je *moule*, qu'il *moule*. Pourquoi ce *l* surprenant, que l'on ne retrouve pas à l'infinitif ? Tout simplement parce que le verbe latin était *molere* (devenu en français *moldre,* puis *moudre*), dont on retrouve le radical, entre autres, dans *meule* ou *moulin*.

[1] *Voir « mode », p. 126*

Vague

Après avoir sillonné les flots parfois houleux de l'océan des homonymes, ne serait-il pas tout naturel d'achever notre croisière au milieu des ***vagues*** ?
Le nom féminin ***vague*** (« mouvement ondulatoire »), attesté en français au XIIe siècle, fut sans doute emprunté à l'ancien scandinave *vâgr* (« mer »), quoique certains, se fondant sur des variantes romanes, y voient plutôt un descendant du latin *vadum* (« gué », puis « eau, flots »). Quoi qu'il en soit, le mot apparut sous la forme *wage*, francisé ensuite en ***vague***. L'adjectif ***vague*** (« flou, imprécis ») est issu du latin *vagus* (« errant », puis « inconstant ») et se rencontre en français à partir du XIIe siècle avec sons sens étymologique de « vagabond ». *Vagus* avait aussi donné, par la voie phonétique, la forme *vai* (« errant, » puis « frivole »), évincée par ***vague***, qui endossa jusqu'au XVe siècle les acceptions figurées de « langoureux » et « frivole ». En outre, le latin médiéval utilisait *vagus* pour désigner le nerf pneumogastrique (à cause de ses ramifications dispersées) – d'où le fameux *malaise vagal* – , appellation qui fut reprise en français au XVIIIe siècle : le *nerf* ***vague***. Il existe un second adjectif ***vague***, issu du latin *vacuus* (« vide »), que l'on ne rencontre plus que dans la locution *terrain* ***vague***. Apparu au XIIIe siècle sous la forme *vake,* puis *vaque*, il a survécu aussi en tant que nom commun (*le vague*) pour désigner un espace mal délimité (*regarder dans le vague*), cette acception ayant été fortement influencée par l'adjectif précédent – sans que les dictionnaires soient d'accord sur la primauté sémantique de l'un ou l'autre de ces deux termes.
Nous voilà donc, pour terminer, avec une étymologie qui nous laisse dans le *vague*… Mais n'est-ce pas là, finalement, que la langue est le plus belle ?

Petites histoires d'homophonie

Les pièges de l'homophonie

Un seul accent vous manque et tout est bouleversé...

Les homographes : ni tout à fait un autre, ni tout à fait le même...

Glossaire

Accusatif : cas latin correspondant le plus souvent au complément d'objet direct en français.

Allophone : qui se prononce différemment : dans la phrase « il *est* à l'*est* », les deux homographes *est* sont allophones.

(S')amuïr : devenir muet, ne plus être prononcé (en parlant d'une lettre).

Antonomase : procédé consistant à transformer un nom propre en nom commun (*Eugène Poubelle* > *la poubelle*) ou, plus rarement, l'inverse (*tigre* > *le Tigre* [Clemenceau]).

Apocope : abréviation d'un mot par la droite (*professeur* > *prof*).

Assibilation : changement phonétique aboutissant à une consonne sifflante, [s] ou [z].

Déverbal : nom issu d'un verbe (*soucier* > *souci*).

Diacritique : qui sert à distinguer et, plus particulièrement, à empêcher la confusion entre des mots homographes.

Épicène : mot ayant la même forme au masculin et au féminin (*Claude, dentiste, possible, quelques, lui*…).

Étymon : mot qui donne l'étymologie.

Défectif : désigne un verbe n'ayant pas toute la conjugaison (ainsi, le verbe *extraire* est défectif, car il n'a ni passé simple ni imparfait du subjonctif ; le verbe *gésir* est très défectif, car il n'a plus que quelques formes).

Francique : langue germanique (morte) parlée par les Francs.

Fréquentatif : marquant la répétition ou la fréquence d'une action (en latin, le verbe *ago,* « faire, mener », avait pour fréquentatif *agito* « pousser vivement, agiter »).

Génitif : cas latin exprimant l'appartenance, la dépendance et correspondant le plus souvent au complément du nom.

Supin : forme verbale en *-um* propre au latin et qui a souvent servi à former des mots en latin et a donné de nombreux mots en français (*lego,* « lire », supin *lectum* > *lecture*).

Déjà parus

Les 100 Choses à avoir faites au moins
une fois dans sa vie à Paris
(Figaroscope, 2013)

100 Pièges à éviter pour écrire
et parler un excellent français
(Le Figaro littéraire, 2014)

100 Choses à avoir faites au moins une fois
dans sa vie à Paris avec ses enfants
(Figaroscope, 2014)

100 Bonnes & Mauvaises Manières
à connaître dans la vie
Le Guide du bien élevé
(Le Figaro, 2015)

Les 100 Citations et locutions
pour ne pas perdre son latin
(Le Figaro littéraire, 2015)

100 Expressions héritées de l'Histoire
(Le Figaro littéraire, 2015)

100 Anglicismes à ne plus jamais utiliser !
(Le Figaro littéraire, 2016)

100 Bonnes & Mauvaises Manières à connaître.
Le Guide du bien élevé en vacances
(Le Figaro, 2016)

100 Lieux du patrimoine français à avoir vus
au moins une fois dans sa vie
(Le Figaro, 2016)

100 pour cent chic -
Le Guide de l'élégance au masculin
(Le Figaro Magazine, 2016)

Aux origines des 100 superstitions
qui hantent ou réjouissent notre quotidien
(Le Figaro, 2017)

Le Tour de France des 100 péchés mignons
(Le Figaro, 2017)

100 Lieux pour se ressourcer en France
(Le Figaro Magazine, 2017)

100 Lieux qui ont fait la France
(Le Figaro Magazine, 2017)

100 Expressions savoureuses
à partager entre petits & grands
(Le Figaro, 2017)

100 Châteaux qu'il faut connaître à Bordeaux
(Le Figaro Vin, 2018)

Déjà parus

Les 100 Inventions qui font la fierté de la France
(Le Figaro Magazine, 2018)

Les 100 Expressions à éviter au bureau & ailleurs
(Le Figaro, 2018)

Les 100 Romans français
(Le Figaro littéraire, 2018)

Les 100 Poèmes (qu'il faut absolument connaître)
(Le Figaro littéraire, 2019)

100 Expressions savoureuses
à partager entre petits & grands
(Le Figaro, 2017)

100 Châteaux qu'il faut connaître à Bordeaux
(Le Figaro Vin, 2018)

Les 100 Inventions qui font la fierté de la France
(Le Figaro Magazine, 2018)

Les 100 Expressions à éviter au bureau & ailleurs
(Le Figaro, 2018)

Les 100 Romans français
(Le Figaro littéraire, 2018)

Les 100 Poèmes (qu'il faut absolument connaître)
(Le Figaro littéraire, 2019)

Les 100 Répliques cultes du cinéma français
(Le Figaro, 2019)

Les 100 plus belles lettres de la langue française
(Le Figaro littéraire, 2020)

Les 100 citations de philosophie les plus précieuses
(Le Figaro littéraire, 2020)

Les 100 dates vraiment clés de l'histoire de France
(Le Figaro histoire, 2020)

Les 100 héroïnes de la littérature
(Le Figaro littéraire, 2020)

Les 100 plantes qui soignent
(Le Figaro, 2021)

Les 100 personnages cultes de la BD
(Le Figaro, 2021)

Les 100 Héroïnes de l'art
(Madame Figaro, 2021)

Les 100 Expressions inspirées de l'art
(Le Figaro littéraire, 2021)

Les 100 héros de la littérature
(Le Figaro littéraire, 2021)

Pour (enfin) en finir avec ces 100 fautes de français
(Le Figaro littéraire, 2022)

Les 100 Règles du savoir-vivre
(Le Figaro littéraire, 2022)

100 mots & expressions employés
à mauvais escient
(Le Figaro littéraire, 2022)

100 mots à connaître (d'urgence)
pour rehausser un discours (ou une conversation)
(Le Figaro littéraire, 2023)

Au bureau aussi : 100 règles de la courtoisie
et du savoir-vivre
(Le Figaro, 2023)

Les 100 séries cultes
(qu'il faut avoir vues dans sa vie)
(Le Figaro, 2023)

Les 100 Expressions favorites de nos grands-mères
(Le Figaro littéraire, 2023)

Les 100 mots et expressions de la langue
française qui ont conquis le monde
(Le Figaro littéraire, 2024)

Pour en finir avec 100 tics de langage
(»Du coup» on dit quoi ?)
(Le Figaro, 2024)

« Bizarre... vous avez dit bizarre ? »
100 curiosités de la langue française
(Le Figaro littéraire, 2024)

100 réparties de légende
(Le Figaro littéraire, 2024)

L'auteur

Expert au Projet Voltaire et formateur, verbicruciste pour diverses revues, ancien professeur de lettres classiques, Julien Soulié est un amoureux inconditionnel des mots et un passionné d'orthographe et de grammaire. Il rédige des dictées (assez retorses, paraît-il) pour des concours d'orthographe et a écrit de nombreux livres sur la langue française. Julien Soulié est l'auteur de « *100 mots et expressions employés à mauvais escient* » dans cette même collection et rédige les redoutables mots croisés énigmatiques pour *Le Figaro*.

Société du Figaro. Siège social, 23-25, rue de Provence, 75009 Paris.
Président : Charles Edelstenne.
Directeur général, directeur de la publication : Marc Feuillée.
Directeur général adjoint : Jean-Luc Breysse.
Directeur des rédactions : Alexis Brézet.
Directeur du Figaro littéraire : Étienne de Montéty.
Auteur : Julien Soulié.

Éditeur : Robert Mergui.
Maquette : Sophie Trotin.
Couverture : Philippe Gruson.
Création : Sophie Trotin.
Correction : Adrien Pearron.
Responsable de la diffusion : Sophie Miton.
Chargée de communication : Aurélie Broux.
Directrice de la production : Corinne Videau.
Directrice de la fabrication : Emmanuelle Dauer.

Crédit photo : AdobeStock.

LE TRI + FACILE

ISBN : 9-782810-510528

Achevé d'imprimer en décembre 2024 sur les presses de l'imprimerie Pollina, France.
Imprimé sur papier Magno Natural 110 g produit par Sappi et Amber Graphic 110 g produit par Artic Paper.